第42批中国博士后基金资助项目

武汉大学博士后流动站研究项目

湖北师范学院出版著作基金资助项目

技术进步的就业效应
—— 基于宏观视角的分析

JISHU JINBU DE JIUYE XIAOYING

肖六亿【著】

人民出版社

content

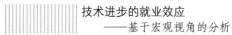

导　　论

第一节　问题的提出

新的科技革命超过以往任何时候,日益成为经济周期的主要外在冲击因素。在技术进步的作用下,以美国为代表的发达国家的微观经济运行机制和宏观经济体系受到强烈冲击(陈继勇,2004),中国的宏观经济也出现了超经济周期的非"特征事实"。"高增长低就业"和"高增长、低就业与低物价"的超周期现象,是传统经济周期的变异,正挑战着已有的周期理论。在科技革命的浪潮中,技术进步不仅推动了中国经济的高速增长,而且对就业、物价和社会生活的各个方面产生了极大的影响。中国作为一个快速增长的新兴经济体,其特殊的经济周期现象具有极高的研究价值,因此,从技术进步的视角重新构建分析框架将具有重大意义。

一、"高增长低就业"悖论

自新中国成立以来,中国经济一直保持高速增长,1953～1978年间,年均 GDP 增长率达到 6.68%;改革开放后,经济增长进一步加速,从 1978 年到 2005 年间,年均 GDP 增长率达到 9.78%。其中在 1978 年至 1995 年间经济波动剧烈,大起大落明显;1995 年以后,经济一直处在高位平稳增长,最低增长率 7.2%,年平均增长率 8.95%(刘树成,2003)。

中国经济一枝独秀,经济增长速度远远超过其他国家,以至于自 2000 年以来,世界新增产值的 1/3 来自中国。从 1978 年至今,中国经济增长一直独占鳌头。日本经济在 20 世纪 70、80 年代独领风骚,20 世纪 90 年代美国进入十年的"黄金期",俄罗斯经济在 21 世纪迅速启动,德国和英国经济一直不卑不亢地增长,印度经济紧随中国高速增长,尽管如此,它们只是某个时段的"领长者",或是长期的温和增长,而中国在整个时间段始终保持高速增长,并且增长速度超过它们。图 1 描绘了七个主要国家的 GDP 增长率曲线图,与其他六个经济体相比,中国的 GDP 增长率曲线始终处于最上面,由此产生了"中国经济奇迹"。

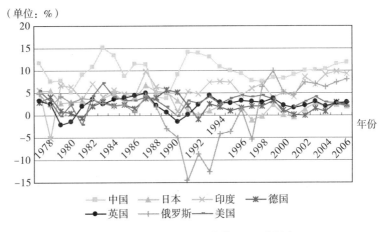

图1　中国与其他主要国家的 GDP 增长率

数据来源:《中宏数据库(教育版)》,检索入口:http://edul. macrochina. com. cn。

　　经济增长和充分就业是宏观经济的两个主要目标。在市场配置资源的条件下,它们能够相互促进,协同提高,保持比较稳定的变动关系,即经济增长带来就业的增加(或失业减少),就业增加(或失业减少)促进经济增长。

　　在发达的市场经济国家,经济增长与就业(失业)之间的关系可以用奥肯定律进行刻画。奥肯定律揭示了产出变化与失业率变化之间的反向变动关系。就美国情况而言,奥肯定律表明,实际产出高于自然产出 1% ,失业率下降 0.4% ,或就业增加 0.6% ;实际产出低于自然产出 1% ,失业率上升 0.4% ,或就业减少 0.6% 。相反,当失业率下降 1% ,实际产出要高于自然产出 2.5% ;当失业率上升 1% ,实际产出要低于自然产出 2.5% 。[①] 奥肯定律是从美国的经验事实中抽象出来的,但是其他发达国家的经验事实基本上都支持增长与失业之间的稳定关系。沿着奥肯定律的思想,我们可以检验中国的经济增长与失业之间的关系,也可以检验经济增长与就业之间的关系。如果失业率或就业率都是市场配置资源的结果,那么失业率与就业率可以相互替代,只做其中之一的检验就可以。但是,中国长期以来非市场化的劳动力配置,以及显性失业的隐性化,失业统计数据不能真正反映失业的现状和就业状况,所以,用这样的失业数据计算出来的奥肯关系失效。[②] 鉴于此,国内学者一般不用奥肯定律来刻画中国的经济增长与就业之间的关系,而是用就业的产出弹性来揭示二者之间的关系。

就业的产出弹性也称就业弹性,是指就业增长对产出增长变化的反映程度,即经济增长率每提高 1% 带来的就业增长率的变动。就业弹性把经济增长率与就业增长率联系在一起,在一定程度上反映了经济增长对就业人员的吸纳程度。表 1 根据 GDP 增长率和就业增长率计算出了中国的就业弹性。从 1978—2005 年,中国的就业弹性都是正值;[③]并且它的变化呈现出明显的阶段性下降的特征,从 1979—1991 年,就业弹性的最低值是 0.22,最高

①　Olivier Blanchard: *Macroeconomics (Second Edition)*, Published by Prentice Hall, Inc. 1997, pp. 169 – 170.

②　常云昆、肖六亿:《有效就业理论与宏观经济增长悖论》,《经济理论与经济管理》2004 年第 2 期第 3 页。

③　就业弹性为正值,表明经济增长就业增加;就业弹性为负值,表明经济增长就业减少。

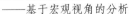
技术进步的就业效应
——基于宏观视角的分析

达到 0.62;从 1992~1997 年,就业弹性在 0.1 和 0.13 之间摆动;在 1998~2005 年间,就业弹性在 0.1 左右波动,而且越来越低。

表1　GDP 增长率与总就业弹性(1978~2007)　(单位:%)

年份	GDP 增长率	就业 增长率	总就业 弹性	年份	GDP 增长率	就业 增长率	总就业 弹性
1978	11.70	1.97	0.17	1994	12.60	1.30	0.10
1979	7.60	2.17	0.29	1995	9.00	1.10	0.12
1980	7.80	3.26	0.42	1996	9.80	1.30	0.13
1981	5.20	3.22	0.62	1997	8.60	1.10	0.13
1982	9.30	3.59	0.39	1998	7.80	0.50	0.06
1983	11.10	2.52	0.23	1999	7.20	0.90	0.13
1984	15.30	3.79	0.25	2000	8.40	1.00	0.12
1985	13.20	3.48	0.26	2001	8.30	1.30	0.16
1986	8.50	2.83	0.33	2002	9.10	0.98	0.11
1987	11.50	2.93	0.25	2003	10.00	0.94	0.09
1988	11.30	2.94	0.26	2004	10.10	1.03	0.10
1989	4.20	1.83	0.44	2005	10.20	0.83	0.08
1991	9.10	2.00	0.22	2006	11.60	0.76	0.07
1992	14.10	1.80	0.13	2007	11.90	0.77	0.06
1993	13.10	1.60	0.12	平均	9.92	1.85	0.20

数据来源:《中宏数据库(教育版)》,检索入口:http://edul.macrochina.com.cn。

　　就业弹性的这种变动趋势也可以从图2看出来。图2描绘出了 GDP 增长率与就业弹性的变动曲线及其趋势线。图2不仅显示了就业弹性曲线的阶段性变化特征,而且其趋势线向下倾斜的斜率很大,进一步表明,就业弹性具有明显降低的特征。相反,GDP 增长率的变动趋势比较平稳,其趋势线基本保持水平状态,这意味着 GDP 增长率保持在高位平稳水平上。

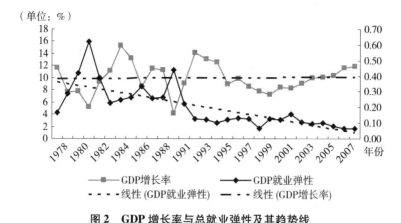

（单位：%）

—■— GDP增长率　　　—◆— GDP就业弹性
- - - - 线性 (GDP就业弹性)　- - 线性 (GDP增长率)

图 2　GDP 增长率与总就业弹性及其趋势线

数据来源:2004 年以前的数据来源于《新中国 55 年统计汇编（1949—2004）》第 1 ~ 6
页;2005 年以后的数据来源于《中国统计年鉴（2008）》,http://www.stats.gov.cn/tjsj/
ndsj/2008。

　　中国的经济增长与就业弹性之间的相互关系反映出:就业弹
性值为正,经济增长与就业增长同向变动,经济的高速增长带动了
就业的增加;然而,经济的高速增长并没有带来就业的高速增长,
伴随着经济的平稳高速增长,就业弹性呈现出下降的趋势,经济增
长的就业吸纳能力逐步下降,而不是如同奥肯定律所描述的产出
与就业之间的稳定关系。

　　有关经济增长速度与就业增加速度的不匹配特征,也可以从
每年新增就业人员数量与经济增长率之间的关系中看出来。为了
表明经济增长对就业机会的创造能力,我们可以用 GDP 每增长
1% 所增加的就业人数来表示,图 3 描述了 GDP 每增长 1% 所吸纳
的就业人数。图 3 显示,GDP 每增长 1%,所吸纳的就业人员,从
1979 ~ 1989 年的 100 万以上,降到 1991 ~ 1996 年的 50 万 ~ 90 万
之间,再上升到 1997 ~ 2001 年的 100 万左右,最后下降到 2002 ~
2005 年的 80 万以下,而且逐年下降,2005 年只有 61 万。这充分
说明,中国经济增长创造就业机会的能力在下降。比较一下巴西、

俄罗斯、印度和中国这四个正迈向现代化的国家,我们发现,其他三国经济高增长都带来了就业机会的高增长,①而中国却出现了经济高增长,就业低增长的"奥肯悖论"现象。

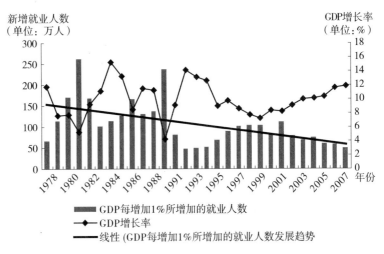

图3　GDP 每增长 1% 所增加的就业人数

数据来源:2004 年以前的数据来源于《新中国 55 年统计汇编(1949—2004)》第 1 ~ 6 页,2005 年以后的数据来源于《中国统计年鉴(2008)》,http://www.stats.gov.cn/tjsj/ndsj/2008。

正因为如此,2006 年 6 月 29 日,联合国开发计划署首次发布《2006 亚洲太平洋地区人类发展报告》,向亚太地区发出警告:"贸易使不平等的状况进一步恶化。在东亚的成功故事背后,隐藏着'无就业增长'的挑战,年轻人与女性正经历着'无就业增长',劳动人口的增加远远快于工作机会的增加。"联合国开发计划署驻华代表处高级经济学家比尔·拜克尔(Bill Bikales)在接受《中国

---

　　① 有关数据显示,巴西、俄罗斯和印度三个国家的经济增长与就业之间的关系遵循奥肯定律的基本规律。

经济周刊》专访时直言不讳地指出,"事实上,'无就业增长'在东亚很多国家和地区都表现非常严重,尤其是中国"。

　　对于中国的就业弹性下降或者经济增长的就业创造能力下降的现象,被联合国开发计划署的《报告》称之为"无就业增长"。无就业增长并不是说经济增长没有带来就业的增加,在联合国开发计划署的《报告》看来,"无就业增长"是指"虽然产生就业机会,但是远比投入市场的劳动力的增长和经济增长的速度缓慢"。通俗地讲,"无就业增长"绝非是没有就业的经济增长,而是一个国家的经济增长率远远高于就业机会或就业人数的增长速度,亦即国内称的"低就业高增长"。

　　"高增长低就业"不是中国特有的现象,而是一个世界性的问题。西方发达国家经济增长率和失业率的变化实际上并不同步。进入20世纪90年代以后英美两国的失业率有了明显降低,到20世纪末美国的失业率已经降到4.5%,英国的失业率也降到了5%以下,而且美国在最近的经济衰退中,失业率也没有升高到6%以上。但是,这样的事实并不意味着在科学技术高度发展到如美国这样的水平之下,在连续的高速发展的带动下,仍然能够实现科学技术发展、劳动生产率提高与高就业率之间的正相关。英美两国的高就业率实际上是以大量的非全日制的、临时的就业为特征的。诚如英国社会学家吉登斯在《第三条道路:社会民主主义的复兴》中所言"在西方经济中,全日制或长期性的工作的比例正在减少。如果我们比较的不是工作位置的数目(number of jobs)而是劳动时间(hours of work),那么,我们就会发现,英美式的'充分就业型经济'与德法式的'高失业型经济'之间的区别,不是那么泾渭分明"[①]。美国《商业日报》1996年8月14日发表约瑟夫·昆兰的

　　[①]　[英]安东尼·吉登斯:《第三条道路:社会民主主义的复兴》,郑戈译,北京大学出版社2000年版,第127页。

文章《经济增长强劲,但就业机会太少》。该文称:"好消息是,世界经济正处在同步增长的顶峰,这是进入90年代以来的第一次。坏消息是,无论在工业化国家还是发展中国家,许多工人都分享不到经济增长的成果。""由于无情的竞争压力,促使世界各地更多的公司实行精简、合并、收购以及增加在节省劳力的机器方面的投资。许多工人,不管是德国的五金工人、韩国的成衣工人抑或是美国的汽车工人,都将被抛在后面。"其中欧洲的失业问题最为严重。"其他一些国家,如中国、俄国、阿根廷、墨西哥和巴西等国由于劳动力迅速增加,更多的妇女加入劳动大军,工厂自动化水平提高以及农村人口涌入城市,也使得就业问题变得更加严重了"。

二、物价的超经济周期性

物价稳定是宏观经济的又一个重要目标。物价稳定要求既不出现通货膨胀,又不形成通货紧缩,物价与增长之间始终保持稳定的同向变动关系。物价与经济增长之间的这种关系是借助于奥肯定律和菲利普斯曲线来描述的。奥肯定律揭示了经济增长与就业之间的关系,菲利普斯曲线揭示了物价变化和失业率变化之间的关系,通过它们就可以从理论上和经验上考察增长与物价之间的关系。

菲利普斯曲线揭示了物价变化和失业率变化之间的关系,反映了实际失业率、自然失业率和通货膨胀率的变化之间的关系。通货膨胀率的变化取决于实际失业率和自然失业率之间的差异。失业率在自然率之上导致通货膨胀率下降;失业率在自然率之下导致通货膨胀率上升。美国的自然失业率平均等于6.5%,失业对通货膨胀变化的影响系数是1.0,这意味着在一年内失业率高出自然失业率1%将导致通货膨胀率下降1%。①

---

① Olivier Blanchard: *Macroeconomics (Second Edition)*, Published by Prentice Hall, Inc. 1997, pp. 160－161.

　　奥肯定律结合菲利普斯曲线所反映出来的增长与物价之间的关系,实际上是一种顺周期关系:经济扩张,物价上升(通货膨胀加速),经济萎缩,物价下降(通货紧缩)。与物价的顺周期性有关的是巴拉萨—萨缪尔森理论。根据经济规律,劳动生产率增长必将导致通货膨胀或升值。这一经济规律在日本和中国香港都经历过。

　　20 世纪 50、60 年代,日本平均通货膨胀率 5.3%,美国为 2.6%,日本超过美国 2.7%。20 世纪 60 年代日本平均 5.5%,美国 3.4%,日本高出美国 2.1%。经历了二十多年通货膨胀,日本的价格水平调节到与美国接近。石油危机后,日本对通货膨胀采取措施,通过日元升值吸收劳动生产率的提高。后来由于日本劳动生产率增长放缓,日元继续升值导致通货紧缩,汇率变化过多必须矫枉过正,通过通货紧缩吸收升值过度部分。香港 1992 年左右通货膨胀率接近 10%,港币与美元保持 7.8 元/美元的联系汇率。当时的通货膨胀主要也是由于资本回报率和劳动生产率的快速提高,中国的改革开放带动香港劳动生产率增加。

　　然而,经济周期理论对物价是顺周期还是逆周期存在争论,①戴维·罗默(2001)认为,经济衰退期间,真实工资会稍稍下降,通货膨胀率通常会下降。瑞安和马利纽克斯在总结现代经济周期理论时,将研究者们广泛认同的特征事实归结为,实际工资是顺周期的,价格水平是逆周期的并且领先于周期。②

　　由此可见,现有研究表明,物价要么是顺周期,要么是逆周期,只是存在程度的差异而已。

　　按照顺周期的观点,中国的劳动生产率和资本回报率不断增

---

　　①　通货膨胀率和价格水平二者的周期性行为及这一行为的含义都是有争议的。参见基德兰德和普雷斯科特(1990);库利和瓦里安(1991);巴克斯和基欧(1992);鲍尔和曼邱(1994);以及罗滕伯格(1994)。

　　②　[英]布赖恩·斯诺登和霍华德·R.文:《现代宏观经济学发展的反思》,黄险峰、孟令彤等译,商务印书馆 2000 年版,第 171~172 页。

加,GDP 增长率保持年均近 9% 的增长速度,宏观上应该允许 3% ~5% 的通货膨胀或者人民币汇率升值。然而,物价长期以来处于较低水平,并且没有逆周期而行,而是表现出超周期性。①

中国的劳动生产率和资本回报率逐步提高,GDP 增长率高位平稳增长,然而物价的变动趋势与 GDP 的变化并不一致,尤其是 20 世纪 90 年代以来价格水平的变化表现出明显的超周期性。图 4 显示了代表物价的消费者价格指数(CPI)和零售价格指数 (LSJZ)与 GDP 增长率之间的变动关系。由于物价具有 6 ~18 个月的滞后期,中国物价的滞后期为 12 个月。因此,在考虑到物价滞后 12 个月的情况下,做图 5。从图 5 可知,1978 ~1992 年间,GDP 增长率和物价协同变动,同步剧烈波动,大起大落,表现出了明显的周期性。但是,在 1992 年以后,物价出现了迅速的走高和快速走低的轨迹,GDP 增长率却仍然保持在高位平稳增长,物价与 GDP 的走势大相径庭:1992 ~1994 年,GDP 增长率下降、物价走高;1994 ~2002 年,GDP 增长率小幅下降、物价急剧走低;2002 ~2004 年,GDP 增长率小幅回升、物价快速拉高;2004 至今,GDP 增长率快速上升、物价大幅下降。很显然,自 1992 年之后,物价呈现出超经济周期的特征。中国的物价表现出了超越经济周期的轨迹与已有理论断言的"特征事实"相矛盾,这是中国经济运行中出现的与传统理论相悖的又一个事实。这一现象冲击着现有的经济周期理论,并对宏观经济政策提出了新的挑战。因此,探讨它产生的原因和形成机理既是宏观经济的目标,也是现实的需要。

将"高增长低就业"与物价的超周期性结合起来,就可以勾勒出中国宏观经济主要变量之间的传导关系:高增长、低就业和低物价。低就业背离了宏观经济的主要目标;低物价在一定程度上也

---

① 所谓物价的超周期性,就是物价既不是顺周期,也不是逆周期,表现出无周期的特征。

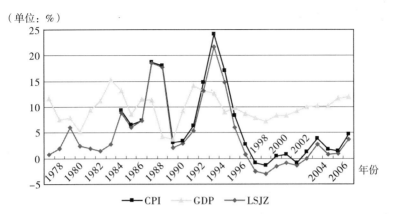

图4　物价和 GDP 增长率之间的变动关系

数据来源:2004 年以前的数据来源于《新中国 55 年统计汇编(1949—2004)》第 45～46 页,2005 年以后的数据来源于《中国统计年鉴(2008)》,http://www.stats.gov.cn/tjsj/ndsj/2008。

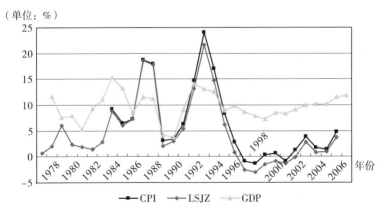

图5　滞后一期的物价和 GDP 增长率之间的变动关系

数据来源:2004 年以前的数据来源于《新中国 55 年统计汇编(1949—2004)》第 45～46 页,2005 年以后的数据来源于《中国统计年鉴(2008)》,http://www.stats.gov.cn/tjsj/ndsj/2008。

背离了宏观经济的主要目标,因为高增长低物价是好事情,但是低物价不一定就是稳定的物价,过低的且与增长不协调的物价往往是不稳定的因素。因而经济形势与宏观经济目标具有一定的差距,抹平差距就是现实的需要。另外,"高增长、低就业和低物价"现象有悖于经济周期理论,现有的经济周期理论难以对此作出有效的解释,这表明现存的悖论在呼唤新的理论。传统理论不能诠释新的现象,表明传统理论所依赖的前提条件与现在的背景条件不一致。经济思想史告诉我们,新理论演进的主要驱动力之一,就是事件的发展。尽管理论观点可能帮助我们理解历史事件,但同样正确的是,"历史事件的结果常常向理论家提出挑战,并将理论推翻,从而导致新理论的出现和发展"①。大萧条导致了现代宏观经济学的诞生,20 世纪 60 年代到 70 年代加速的通货膨胀导致了货币主义的反革命(Johnson,1971),新的科技革命催生了真实经济周期理论。因此,要真正理解"高增长低就业"悖论和物价的超周期性,还必须把握重大的历史事件。当前影响最大最普遍的事件莫过于科技革命,所以,了解科技革命对经济系统的冲击有助于我们更好地理解一些新经济现象。

三、科技革命冲击着经济系统

自 20 世纪中期兴起的这次科技革命以微电子技术和信息网络技术为核心主导技术,以生命科学技术、新能源技术、新材料技术、空间技术、海洋技术、环境技术和管理技术为主导技术群。它们协同金融创新和经济全球化对世界经济产生了巨大的影响,从而形成了"新经济"。"新经济"条件下的微观经济行为和宏观经济运行都呈现出新的特点,从而引发人们去探究。

---

① Gordon, R. J: *Macroeconomics*, 6th edn, New York: Harper, Collins, 1993, p. 530.

　　金晓斌(2000)分析了科技革命影响的具体表现:传统经济周期理论和菲利普斯曲线已经不适用于解释新经济了;经济规模呈指数级增长,而企业内部交易成本却呈指数级降低;网络技术的产业化应用导致信息不对称和信息不完全倾向大大弱化,信息经济学理论的解释力受到削弱;网络的产业化应用改变了经济增长的要素结构,对传统经济增长模型提出了修正;货币政策对宏观经济的调控作用有弱化的迹象,原有的利率理论受到挑战。卢周来(2000)从更深层次考察了新经济的影响,他认为新经济颠覆了传统经济的原有规则:与传统经济类型中生产者"报酬递减"以及消费者"效用递减"的基本法则相反,"新经济"中具有使生产者的"报酬递增"与消费者的"效用递增"的性质;传统经济中,商品的价格越高,需求会越少,但在新经济条件下,由于新经济的"外部性",一种商品或服务的价格随着用户数量的增加而剧增,而这种价格的剧增反过来又吸引更多的用户,从而产生了多重效益。

　　除了从微观层面研究科技革命对经济活动的冲击之外,更多的研究集中于分析新经济条件下的经济周期和经济增长。美国"新经济"条件下的低通货膨胀、低赤字、低失业、高增长,使菲利普斯曲线等某些传统经济理论受到前所未有的挑战(索洛等,1995)。按照美联储的解释,美国在20世纪90年代后出现的新经济和新周期是以全球化和信息技术的发展为基础的。陈继勇和彭斯达(2004)认为,20世纪90年代以来,以信息技术革命为基础的知识经济的迅猛发展,推动了美国微观经济运行机制、中观经济产业结构和宏观经济管理方式的深刻变革,从而使美国的经济运行周期逐渐显现出新的演变趋势。薛敬孝、张兵(2004)在分析美国新经济周期的发展、演变和调整的过程中,着重探讨了信息技术产业所发挥的作用和产生的影响。徐长生和何小松(2004)分析了美国20世纪90年代以来新经济周期波动的成因,他们认为信息技术革命形成的创新浪潮是冲击因素,股市波动是传导机制。总之,宏观经济中出现的一些新特征和新趋势都可以从科技革命中找到答案。

科技革命在改变经济周期的过程中必然引起就业的变化。技术进步是经济持续增长的动力源泉,但技术进步是双面刃,在促进经济增长的同时既造成结构性失业,又会对就业总量产生负面冲击(宋小川,2004)。就业的增加可以提高居民收入,刺激需求;充分就业可以缩小收入差距,有利于社会稳定与和谐发展。因此,创新和就业之间存在一种制衡关系,保护就业的有些政策和措施势必阻碍技术进步,激励技术进步的政策最终会增加失业(Ricardo and Mohamad,1994)。这种制衡关系在中国尤为明显和重要。中国经济已经步入高速增长的轨道,而且只有保持高速增长才能化解各种矛盾。高速增长的动力源自于经济增长方式的转变和技术进步,因而技术进步和自主创新成了当今中国的主题。此外,就业问题也是中国的重中之重的大问题,它事关社会稳定与和谐发展的主题。因而如何协调好创新和就业之间的关系,成为中国当前面临的一个重大问题。

综上所述,中国的宏观经济正面临着"高增长低就业"和物价超周期的挑战;同时,"高增长、低就业和低物价"的非"特征事实"也挑战着增长理论和周期理论。要破解这些经济迷惑,必须深入考察这个时代的重要背景特征。人类社会正处在第四次科技革命时期。① 科技革命促进了科学技术的飞速发展,使发达国家开始迈入新经济时代和后工业化时代,人们的生活和社会经济系统发生了质变。技术进步对产出、就业、消费、投资、物价等产生了极大的冲击,改变了生产函数中各个变量影响力的对比。正因为如此,我们理所当然地将科技革命与这些非"特征事实"联系在一起,如

---

① 有人称为第三次科技革命的晚期,有人甚至称之为第五次科技革命(蒋选,2004)。

同"索洛"悖论总是与 IT 产业、新经济联系在一起一样①。况且，技术进步对经济增长和就业的影响已经历经了百年之争论。所以，本书试图从技术进步对就业的影响角度，探讨技术进步对增长、就业、物价的综合影响，从而揭开中国宏观经济悖论之谜。

第二节　中外文献综述

一、百年论争

技术进步对就业的影响是一个古老的命题，自从第一次工业革命开始，它就成为人们关注的焦点和经济学家争论的主题。

第一次工业革命掀起了首次论争。早在发明第一台机器时，大多数人均持反对意见，他们认为，技术进步必然缩短工作时间，因而，除非每个人所做的工作都减少，否则，雇佣的劳动力数量就会减少。当一个工程师建议设计一台机器吊起庙宇的圆柱时，戴克里先（罗马皇帝）拒绝了他的建议说："我宁可养活老百姓。"②1739 年，阿贝·迪居埃在《政治伦理学论文集》中写道："为了公众的利益，不许搞那些对穷人和小商人有害的、剥夺了他们工作的工厂；任何工厂都不许使用机器，这样就会有很多人就业……他（指所说的君王）可以表扬和奖励那些在机械方面做出新发明的人。但是，如果这些发明对穷人不利，他就应该只限于给发明者以奖励，但同时要禁止使用那些只会使穷人和懒汉人数增加的东西。"③在法国和英国工业开始机械化时，工人们曾经强烈反对，他

---

①　黄泰岩、杨万东：《国外经济热点前沿（第二辑）》，经济科学出版社 2005 年版，第 69～70 页。

②　Alfred Sauvy: *General Theory of Population*, Weidenfeld and Nicolson Ltd. 1969, p. 257.

③　［法］阿尔弗雷·索维：《人口通论（上册）》，查瑞传译，商务印书馆 1983 年版，第 169 页。

们得到舆论支持,甚至得到许多工厂主的支持;甚至一些技术人员也认为,随着生产率提高,雇佣人数就要下降。

理论家们对这个问题持完全相反的态度。重商主义者对这个问题没提出什么看法;重农主义者所考虑的从未超出开垦新土地。古典自由主义者(亚当·斯密等人)则认为技术进步不会减少就业。在他们看来,工人总会找到另外的工作,或者就在他们原来的工厂(如果技术进步促使销路充分增加的话),或者去制造新机器,或者到其他的那些从技术进步间接受益的部门中去工作。根据萨伊定律,后来的一些经济学家认为,从长期看,由于价格机制的作用,供给与需求必定能够自动地实现均衡,资源总能够得到充分利用,劳动力完全能够实现充分就业。在 19 世纪上半期,失业率高攀,工人的生活状况很悲惨。因此,许多著名的经济学家针对技术进步对就业的影响,阐述了他们完全相反的看法,并展开了激烈的反驳。穆勒倾向于社会主义,反对造成失业增加的任何举措;西斯蒙第则坚信技术进步会造成失业,他甚至还预见到会有一个"按电钮"的制度。李嘉图在他的《政治经济学及赋税原理》第三版中指出:"劳动阶级认为机器的使用会损害他们的利益,这不是偏见或错觉,而是与政治经济学的原理是一致的。"①马克思旗帜鲜明地指出,机器可以提高劳动生产率,也会排挤工人,造成失业,随着资本有机构成的提高,工人"后备军"队伍越来越大,从而使工人陷入绝对贫困和相对贫困。

到 19 世纪中期,由于工业化改善了英国工人阶级的生活状况,面对这一事实,经济学家对此问题的争论暂告结束。

技术性失业引发了第二次论争。20 世纪 20、30 年代,失业再度加剧,使经济学家们再次就技术进步与就业的关系问题展开了

---

① [英]李嘉图:《政治经济学及赋税原理(第三版)》,郭大力、王亚南译,商务印书馆 1962 年版,第 332 页。

争论。这次争论是在"技术性失业"这个题目下进行的。在大萧条期间,反技术治国运动的追随者宣称高失业源于新机器的引进,如果允许技术进步继续进行,事情只会变得更糟糕。很多学者对技术性失业进行了研究(Jonathan,1988;David and Nolan,1986)。在 1930 年的国际劳工组织报告中,给技术性失业下的定义是"技术进步引起的小部分失业,在特定时期,由于技术进步的作用、变化或经济系统自发发展而无法达到(劳动市场)平衡"。① 但保罗·庇利(Paolo Pini,1997)、戴维德和罗兰(David and Nolan,1986)认为,与其他类型失业的概念相比,技术性失业的概念仍相当模糊,因此在大多数讨论失业的文献中,不存在技术性失业这一类别。随着第二次世界大战对劳动力产生了特殊的需求,失业问题得到缓解,经济学家对这个问题的争论又暂时终止了。

结构性失业是第三次论战交锋的主题。直到 20 世纪 60 年代,问题又一次被重新提起,这次争论使用了"结构性失业"的概念。20 世纪 60 年代,有关"自动化"这个神秘字眼的种种传闻,既给人们带来很多希望,也给人们带来同样多的恐惧。正是因为这些恐惧和担忧,技术进步的悲观者认为,技术进步必将导致失业增加。悲观派代表人物及著作有罗马俱乐部 1971 年发表的《增长的极限》;1981 年美国总统委托一个小组所完成的报告:《公元 2000年全球研究》;日经产业新闻社出版的《新产业革命——技术突破的冲击波》,以及英国勃拉特福大学科学与社会问题教授丁·斯坦尼尔(Stanier)等。上述代表人物及其著述认为新的科技革命会提高失业率,用他们的话来说就是,"减员增产"的现象目前在先进工业国的商品生产部门中已成定局。

---

① Douglas Jones. : Technological Change, Demand and Employment, In Derek L. Bosworth (eds), *The Employment Consequence of Technologiacal Change.* The Macmilland Press Ltd, 1983, p. 198.

相反,对技术进步充满希望的乐观者坚信就业会因技术进步而增加。乐观派代表人物有英国世界观察研究所所长卡恩(卡恩,1980),英国计算机中心的 G. L. 西门子(Simons)。他们认为,科技革命增加社会就业量,用他们的话说就是"机器人应用的增加不但促进机器工业部门的发展,而且还刺激了一系列与之相关的新工业部门的产生,从而增加了社会的就业量"。当代法国人口学家阿尔弗雷·索维(Alfred Sauvy)在《人口通论》一书的前言中写道:"现在还存在着许多糊涂观念,甚至在有识之士当中也是如此,特别是那种认为技术进步就会使就业减少的观点。虽然最近几年已经证明这个理论是十分错误的,但是这个由来已久的神话在关于自动化问题的讨论中仍然不断冒出来。"①

针对这三次论争,沃瑞尔(Woirol,1996)提出了总结性的看法:20 世纪 30 年代的争论与 100 年前讨论的是同样的问题,只不过更多地使用了新古典主义的、边际主义的术语和概念,而 20 世纪 60 年代的争论则更多地运用了新的统计分析技术,使用了大量的数据。但是,经济学家使用的分析工具和能够得到的数据总是有局限性的,而要研究的问题又是非常复杂的,技术进步对就业的影响有短期和中长期之分,技术进步有工序方面和产品方面的差别,有企业层次和行业层次的不同,等等。因此,经济学家对技术进步的见解很难达成一致。

百年论争反映了第一次工业革命到 20 世纪 60 年代间,人们对技术进步对就业影响的见解。尽管这是一个古老的问题,但是却被赋予时代特征,成了不同时代的争论主题,表明它是一个充满生机和活力的新问题。20 世纪 70 年代以来兴起的新技术革命将人类社会推入新经济时代和后工业化时代,再次引发了技术进步

---

① Alfred Sauvy: *General Theory of Population*, Weidenfeld and Nicolson Ltd. 1969, p. 3.

与就业之间的紧张关系,从而技术进步与就业的关系问题不可避免地又一次成为经济学界论争的主题。对此,本书试图从国外和国内研究两个方面进行文献综述,了解其研究状况和研究进展。

二、国外研究状况

20世纪70年代以来,科学技术突飞猛进和就业压力与日俱增交织在一起,使西方世界再次掀起了技术进步与就业关系的争论浪潮。为了展现相关研究的最新动态和前沿,本书试图就所掌握的资料对20世纪80年代以来的国外研究进行文献综述。从有关资料来看,关于技术进步对就业的影响的研究集中在两方面:一是对技术进步的就业效应的研究,即研究技术进步对就业量、就业结构的影响,以及这种影响产生的机制等;二是将技术进步的就业效应纳入宏观经济分析的大框架之中,用它作为传导机制来分析新经济周期和宏观经济现象。第一方面的研究是主要的,第二方面的研究比较少,具体表现为真实经济周期理论中的跨期替代机制。

(一)技术进步的就业效应

技术进步的就业效应指技术进步对就业的影响及其作用机制,包括对就业量的影响和就业结构的影响。技术进步对就业量的影响,要么是创造就业机会,即增加就业;要么是使原有的就业机会丧失,即减少就业;要么是创造的就业机会等于损失的就业机会,总就业量不变。因此,技术进步的就业效应最终表现为创造效应或损失效应或零和效应。技术进步对就业结构的影响表现为,劳动力在产业之间、部门之间、地区之间和国家之间的转移或结构性失业。

第一,技术进步的就业损失效应

20世纪80年代的自动化技术出现之后,技术进步对就业的影响再次成为经济学家讨论的热门话题,这是因为人们始终关注新技术革命对就业机会的冲击。技术进步的就业损失效应意义重大,它不仅意味着就业机会减少,工人失业,更重要的是它的副作用将传递给收入分配、生活状况和社会稳定等方面。所以,经济学家和社会学家对新技术革命,及其就业损失效应非常关注。斯图门·鲍尔(Stoneman Paul,1983)指出,在 20 世纪 70 年代末 80 年代初,欧洲关于技术发展的争论的第一个核心焦点就是技术进步对就业的冲击。戴维德·辛普森(David Simpson 等,1987)指出,"新技术吸引人注意的一个重要原因就是它对就业的影响。70 年代末 80 年代初出版过很多书预测在工业化国家广泛使用新技术导致大量工作的减少"①。而克劳尔(Clower,1965)、麦林费奥德(Malinvaud,1977)和费宾(Fabien,2002)则更为直接,他们认为技术进步对就业的影响以直接破坏为主,导致出现所谓"技术性失业"。威司利·雷恩泰夫和费·达钦(Wassily Leontief and Faye Duchin,1986)指出工业革命使人类的生产技术获得了巨大发展,但也因此与失业捆绑在一起;预测美国制造业的劳动力将从 2500 万下降到 2010 年的 300 万。则姆门(Zimmermann,1991)研究发现,技术进步对德国 1980 年的就业减少起了重要作用。里夫金在 1995 年出版的《工作的终结》一书中,提出了工作终结论。他认为技术创新和市场力量正在把人类社会推向一个接近没有工人的世界,不仅农民和蓝领工人将急剧减少,白领工人、管理人员及服务部门工作人员也将面临失去工作的威胁。他还说,一些职业将永久地消失,虽然一些新的职业也在不断地产生,但大多是一些临时性的、低收入的岗位。他断言,人类正在进入一个以工作岗位永久性减少为特征的新历史阶段。英国社会学家吉登斯在《第三条道路:社会民主主义的复兴》中写道:"在西方经济中,全日制或长期

---

① David Simpson, Jim Love, Jim Walker: *The Challenge of New Technology*, Westview Press, 1987, p. 316.

性的工作的比例正在减少。如果我们比较的不是工作位置的数目（number of jobs）而是劳动时间（hours of work），那么，我们就会发现，英美式的'充分就业型经济'与德法式的'高失业型经济'之间的区别，不是那么泾渭分明。"①由此可见，由于新科技革命减少了就业机会，但为了保证更多的人就业，不得不进行制度创新：缩短工作时间，增加临时工作，减少全日制工作。

技术进步可以从四个方面减少就业。首先，技术进步提高劳动生产率，使同样数量的工人生产出更多的产品，或者同样的产出量所需要的工人数量更少。其次，创新产生新产品，并使旧产品消亡，伴随旧产品的消亡，旧产品生产部门、产业、企业、车间的工人也退出就业领域。再次，技术进步提高了资本的生产效率、资本有机构成，降低资本成本，从而产生资本对劳动的替代。最后，从需求的角度来看，技术进步导致需求和价格结构发生变化，相对价格高的产品和服务的需求绝对或相对减少，从而导致就业人员的绝对或相对减少。

埃阁海恩和豪依特（Aghion and Howitt, 1994）在承认存在资本化效应的同时，着重研究了技术进步的就业损失效应的内在机制，即技术进步通过加速现有工作价值的磨损直接提高失业率。他们的理论假设前提是：(1)完全竞争市场下，人力资本要素的价格以等于或高于经济增长率增速的速度增长；(2)技术进步对就业的损失率不是外生不变的，而是内生地取决于技术进步的规模。由此，他们详细分析了就业损失效应发生作用的直接和间接机制。在第一个前提下，技术进步提高经济增长率，对于企业实现利润最大化、提供就业机会产生两种相反的影响：一方面，降低了净收益的贴现率，产生资本化效应；另一方面，人力资本投入价格的较快

---

① ［英］安东尼·吉登斯:《第三条道路:社会民主主义的复兴》,郑戈译,北京大学出版社 2000 年版,第 127 页。

增长降低了现有工作创造的利润,减少了技术进步下企业的收益,进而抑制企业进入市场、提供更多就业机会的积极性。第二个前提加剧了技术进步的"磨损效应"。在内生增长背景中,假定岗位空缺率不变,技术进步都将直接降低现有工作岗位创造的价值、缩短其存续期限,企业提前废弃工作岗位的结果是,就业的损失率上升,整体失业水平上升。

技术性失业是产生就业损失效应的重要渠道。很多学者对技术性失业进行了研究,包括久纳赞·罗纳德(Jonathan Leonard,1988)、戴维德·第恩和彼得·罗兰(David Deaton and Peter Nolan,1986)等。在1930年的国际劳工组织报告中,给技术性失业的定义是"技术进步引起的小部分失业,在特定时期,由于技术进步的作用、变化或经济系统自发发展而无法达到(劳动市场)平衡"①。但有许多学者认为,与其他类型失业的概念相比,技术性失业的概念仍相当模糊。技术性失业与结构性失业看起来相同,但它们产生的原因却不同。结构性失业产生的原因是:就业人口的构成不合理和劳动力市场的供给与需求结构不相称。技术性失业是新技术对旧技术的淘汰引起的。新技术的应用通常需要劳动者有新的技能,并不断淘汰无技能或技能落后的劳动者。技术进步总的趋势是对技能劳动者有利,并使劳动者的整体技能向高级化的方向发展。但是劳动者技能的提高与需求之间经常出现时间上的不一致,从而致使新技术对劳动者技能的需求与其现有技能之间的不匹配,这是造成技术失业的重要原因。此外,技术进步导致产业结构发生变化,从而带动就业结构发生变动,也会产生相应的失业。

---

① Douglas Jones. : "Technological Change, Demand and Employment", In Derek L. Bosworth (Eds), *The Employment Consequence of Technologiacal Change*, The Macmilland Press Ltd. 1983, p. 98.

阿扎·哈森(Athar Hussain,1983)认为,技术性失业与凯恩斯主义的需求不足失业是一致的,因为技术性失业恰好是潜在产出水平与实际产出水平之间的差距。罗纳德(Leonard,1988)认为,技术性失业既有可能是凯恩斯失业,也有可能是结构性失业。技术进步通常会提高劳动生产率,扩大产出。如果失业的原因是由于与潜在的增长能力相比,总需求不足,则技术性失业表现为需求不足失业,这一点同阿扎·哈森(Athar Hussain)的分析一致。如果失业是由于技术进步导致经济系统生产能力发生结构性变化,则技术性失业表现为结构性失业。但技术性失业主要表现为凯恩斯失业还是结构性失业则依赖于就业创造效应的大小。如果就业创造效应主要是作用于刺激需求,则技术性失业主要表现为结构性失业,如果技术进步刺激需求的强度不大,戴维德·第恩和彼得·罗兰(David Deaton and Peter Nolan,1983)在麦林费奥德(Malinvand,1977)模型框架下分析指出,技术性失业如果不是凯恩斯失业则应该是古典失业。

第二,技术进步的就业创造效应

20 世纪 50 年代,发达国家出现了第三次科技革命,技术进步与就业之间关系以及由此衍生的一系列社会问题一时间成为社会关注焦点,形成所谓的科学——技术——社会问题研究浪潮。在这一时期,为了进一步推动科技革命的发展,必须驳斥技术进步的就业损失效应的观点,因此,发达国家进行了技术进步的就业创造效应的研究,特别是计算机技术与就业互动关系的研究。这些研究中的典型有 1966 年美国国家技术、自动化与经济进步调查委员会报告《技术与美国》[①]、英国 1978 年 1 月发表的《微电子学的社会经济影响》、法国 1978 年 5 月发表的《社会信息》报告(被称为

---

① 胡延平:《第二次现代化:信息技术与美国经济新秩序》,社会科学文献出版社 2002 年版,第 103 ~ 105 页。

诺拉报告)等,无一例外地都支持技术进步增加就业的观点。里昂剔夫在一篇题为《自动化的影响》的研究报告中应用数学公式推算出未来15年内美国不仅不会有失业,还会出现劳动力短缺。① 经济合作与发展组织(OECD,1996)、克拉斯·依瑞克森(Clas Erikson,1997)、潘特和瑞利(Pianta and Vivarelli,2001)和哈瑞特·垂汉(Bharat Trehan,2003)认为技术进步在直接破坏就业的同时,通过各种途径间接促进就业增加,因而总体上促进就业增长。布兰查德(2003)认为技术进步不会引起失业总量的增加,但引起失业结构的变化。经验研究证明,技术进步没有引起失业量增加。从短期来看,没有理由预期,而且也没有出现,生产率变动和失业变动之间有系统性联系。从中期来看,如果生产率变动和失业变动之间有什么关系的话,似乎是一种反向的关系:生产率增长越低,失业率越高;更高的生产率增长带来更低的失业。

马丁·卡鲁依(Martin Carnoy,1997)在比较研究了技术进步对就业影响的八个层次之后指出,尽管在工厂和公司这样的微观层面上技术进步对就业有损失效应,但这种效应也常常被产出增长所导致的就业创造效应所抵消;而在国家层面上,有更多的证据表明技术进步对就业有正效应,从劳动力个体的角度来看,技术进步与劳动生产率的提高引起劳动者知识结构的变化。这要求延长劳动者受教育培训的时间,缩短其一生中从事劳动的时间,无形之中需要更多的人从事社会劳动,为扩大劳动力需求提供了一定的条件②。此外,有关国际劳动分工方面的研究文献也表明,技术伴随生产持续地向发展中国家扩散,出口增加,市场扩大,发达国家可以获得经济与就业的同时增长。一些发展中国家生产具有更高

---

① 章嘉琳:《变化中的美国经济》,学林出版社1980年版,第196页。

② 刘庆唐、王守志:《劳动就业原理》,北京经济学院出版社1991年版,第231～236页。

技术含量的产品,逐渐加入到发达国家的行列。即使新技术替代了部分传统制造业和服务业中的劳动力,只要这些国家能获得一定程度的经济增长,技术进步减少就业的效应就可以被经济扩张所抵消。因而这些国家具有与发达国家类似的就业增长模式。科技创新及其应用不仅扩大了"总体工人"的规模,而且因为劳动生产率的提高使剩余产品迅速增加,从而为非物质生产部门就业规模的扩大创造了条件[1]。

技术进步从两个方面增加就业:一方面,新技术产生、扩散和应用需要劳动投入,同时新技术的出现会创造新产业、新部门和新职业,也将吸纳大量的劳动力;另一方面,技术进步通过降低生产成本、增加收入扩大总需求从而增加产出刺激就业。

20 世纪 90 年代以来,以埃阁海恩和豪依特(Aghion and Howitt,1994)和皮斯萨瑞德(Pissarides,1990)等人为代表,从两个方面拓展了技术进步的就业效应的理论及实证研究:(1)技术进步影响就业的内在机理,包括"创造性破坏"机制[2](Philippe Aghion and Peter Howitt,1994)和就业创造机制[3];(2)技术进步对就业总量结构的社会福利影响。

技术进步的就业创造效应是从总需求方面影响就业的机制:价格效应和收入效应。价格效应是指,技术进步降低生产成本进

---

① 沈连元:《劳动经济学》,辽宁人民出版社 1991 年版,第 184 页。

② Aghion, P. , P. Howitt. : "Growth and Unemployment", *Review of Economic Strdies*, 1994, 61: pp. 477 – 494.

③ 进行就业创造机制研究的有:Marco Vivarelli. : *The Economics of Techology and Employment: Theory and Empirical Evidence*. Elgar, Aldershot, 1995; Petit, P. : "employment and Technical change", in P. Stoneman(ed.), *The Economics of Innovation and Technical Change*. Basil Blackwell, Oxford, 1995; Pissarides. : *A. Equilibrium Unemployment Theory*. Basil Blackwell, London, 1990; Fernando del Rio. : *Embodied Technical Progress and Unemeployment*. University catholique de Louvain, Insitut de Techereches Economiques et Sociales(IRES) Discussion Paper, 2001, No. 031。

而降低绝对或相对价格水平,从而扩大需求以增加供给来创造就业机会。如果技术进步影响价格水平,则必然影响总需求以及劳动力等要素的使用。保罗·庇利(Paolo Pini,1997)认为,给定名义收入水平,技术进步导致商品生产成本下降,进而引起价格降低,从而刺激对商品的需求,商品需求的上升引致产出增加从而创造新的就业机会。另外一种情况是,当需求随相对价格变动而发生变化时,部门之间的产出也会发生变动。例如,制造业的技术进步快,它将降低制造业商品的相对价格,扩大其需求,从而减缓就业向服务业的流动。此外,资本和劳动的相对成本往往取决于技术进步的劳动节约倾向是否超过资本密集的速度,因而相对价格也会随资本和劳动的相对成本变动而变化,从而发生资本和劳动的替代现象。如果劳动力相对成本上升,则经济对劳动的需求将减少。反之,如果劳动力的相对成本降低,则经济对劳动的需求将上升。例如,服务部门日益劳动密集化,从而降低了服务相对于制造业商品的价格,因此增加对服务的需求,从而吸引更多就业。如果给定市场结构,此时的就业创造效应与商品的价格弹性及与其他商品的交叉价格弹性有关,与不同商品之间的互补或替代程度有关。

罗伯特·卡斯特尔(Robert M.Costrell,1988)讨论了技术进步过程中的两种生产率效应。第一种生产率效应是不对等技术进步率(Uneven rates of technical progress),指不同部门间技术进步速度的不同,使得技术进步快的部门如制造业的就业流向技术进步慢的部门如服务业等。这种生产率效应所起的作用是否比上述由于相对价格变化导致的需求变化效应作用大,经济学家看法不一,罗伯特·卡斯特尔(Robert M.Costrell,1988)的看法是相对价格效应没有不对等技术进步速度效应的作用大。另外一种生产率效应是不对等的资本密集效应(Uneven capital-deepening effects),指技术进步过程中各部门由于资本密集程度变化而导致的就业变化。

例如,如果制造业资本更容易实现资本替代劳动,则技术进步将使之更加资本密集。反过来,快速的资本密集和较慢的人口增长都将使制造业技术进步加快,并使劳动力流回服务业,如果制造业部门有显著的劳动节约倾向,结果将如此。

收入效应。如果技术进步引起收入及收入分配的变化,则最终需求的水平和模式将改变并对劳动力等要素的投入需求产生影响(Stoneman Paul,1987)。人均收入上升以及服务和制造业商品的需求收入弹性不同导致产出发生变动。由于对需求收入弹性大的产品的需求增加,其产出上升,吸收的就业必然也会增加。罗伯特·卡斯特尔(Robert M. Costrell,1988)认为,人均收入上升的外生决定因素是总量技术进步。但实际上,技术进步导致收入上升或者相对下降这种情况不仅仅反映在整个经济体内,不同部门、产业甚至任何不同单位如企业或地区内相对技术进步的不平衡都可以导致收入的上升和下降,所以收入效应在分析微观层次上的就业变动时也具有同样的意义。所不同的是,在用总量技术进步分析宏观层次的经济体时,需求变动是内生的;而用技术进步分析微观层次的部门或产业经济时,由于暗含了比较的存在,需求变动有可能是绝对的也有可能是相对的,因而需求变动有可能是外生的。

在给定绝对价格水平和相对价格水平下,保罗·庇利(Paolo Pini,1997)从技术进步导致名义收入增长及改变其分配的角度解释收入效应。这些变化导致对消费品的需求上升,从而产生出额外的就业需求,长期累积的结果将会对总就业产生强有力的补偿效应。他进一步分析了两种极端情况:第一种情况是技术进步所得到的好处只表现为利润(实际上是资本家完全占有技术进步的收益);第二种情况是技术进步所得到的好处只表现为工资。在第一种情况下,利润增加虽然会导致扩大总需求的消费,但首先是刺激投资活动。由于资本家的决策主要是关注投资活动,因而利润增加并不必然导致这样的结果:就业需求的增长足以补偿最初的转移效应。不仅如此,由于投资决定依赖于对未来的预期,而消费需求的趋势依赖于目前的需求,因此如果技术性失业减少了工人的工资并因此减少需求,则高利润刺激无法持续,投资水平最终会降低。在第二种情况下,工资增长导致对消费品的需求上升,这也可以刺激投资需求。但由于利润不变,导致对生产成本和未来投资赢利的预期不乐观,这样就没有什么新的投资活动,生产不扩大,就业也无法增加。在这两种情况下,潜在的收入补偿效应都受到收入分配模式的限制。此外,利润与投资模式与技术扩散过程之间的关系也很重要。由于利润不变而导致的低水平投资不仅对技术扩散的速度有负面影响,对其他补偿效应也有负面影响。

保罗·庇利(Paolo Pini,1997)承认,现实经济中上述两种极端情形几乎都不会出现,但对极端情况的分析可以说明这样一个事实,即收入效应同价格效应不同,它不是仅仅由采用新技术后的市场力量所左右,而是依赖于各经济主体的自主消费决策,依赖于对未来需求和收入分配模式的预期。

(二)技术进步对就业结构的影响

技术进步从两个方面引起就业结构的变化。一是技术进步在各个产业、部门、地区都是不平衡的,技术进步快的常常有较高的劳动生产率,而技术进步慢的常常只有较低的劳动生产率,劳动力据此发生转移,从而产生就业的结构性变化。二是新技术体系对旧技术体系的替代导致旧技术体系及其资本品的净投资呈现负增长,就业机会在新旧产业或者部门之间转移。

第一,技术进步影响就业结构的理论基础

在经济增长和周期理论中,具有广泛和直接影响的是熊彼特(Schumpeter,1942)的"创造性破坏"(creative destruction)思想和命题。"创造性破坏"和创新都由熊彼特提出。熊彼特在分析资本主义的发展过程时认为,"不断地从内部使这个经济结构革命化、不断地破坏旧结构、不断地创造新结构。这个创造性破坏的过程,就是资本主义的本质事实"。① 从这种定义可以看到,熊彼特的本意是强调结构变换,新的创新称为"创造",但新的创新必然会破坏原来的创新,这就是破坏效应。新旧替代必然破坏经济和社会系统的结构,所以用"创造性破坏"来描述整个动态过程。新旧产业、部门、产品的更替必将导致工人在这些工作岗位上进行转换,因此熊彼特的"创造性破坏"理论成了解释结构性失业的理论基础。

第二,技术进步影响就业结构的表现形式

技术进步的结构效应表现为工作职位的变化。技术进步对就业内容即工作内容或职位变化的影响,最突出的表现是白领工人相对于蓝领工人有更多的增长。技术进步对劳动教育水平、技能、培训等的影响,以及由此产生的生产率、收入变化、工作转移与劳动市场调整等。技术进步引起就业在产业间分布的变动。技术进步对关联产业中的就业影响,最主要的是对就业转移问题的研究。包括两种情况,在相互补充的产业或部门间,一个部门就业增加或减少引起另一个部门就业同样变化;在相互替代的两个部门,就业反向变动。

第三,技术进步影响就业结构的内在机理

新古典主义经济学家认为由于就业创造机制的存在,就业损失效应就被创造效应所弥补,总体上的技术性失业不能发生(Douglas Jones,1983)。无论技术进步节约劳动或节约资本,都将降低生产成本从而降低价格水平,如果需求价格富有弹性,需求增加将会吸收暂时失业的工人。如果创新产品缺乏需求弹性,价格水平的下降表现为实际收入增加,从而引发对其他商品(服务)需求的上升,这样因创新而失业的工人可以在需求增加的其他商品(服务)生产部门实现就业。而且新技术投入生产新产品的过程也创造了大量的就业机会。瑞格和罗伯逊(Wragg and Robertson,

---

① Schumpeter, Joseph. A: *Capitalism, Socialism, and Democracy*. New York. 1942, p. 231.

1978)在对 1963～1973 年的英国经济进行研究后认为,虽然个别产业如零售业在生产率增长和就业之间有着明确的关系,但其他产业如制造业中并不存在这样的关系。总的来说,全要素生产率与投入的资本和劳动力资源间不存在统计上的相关关系。即生产率增长并不会对就业产生威胁。在理论体系中,技术进步对就业的影响,将依赖于需求弹性方面的其他因素,如收入弹性指数、各种偏好和规模经济等,并且只有当这些因素都已知时,影响才能确定下来(Stoneman Paul,1983b)。

当然,该观点并不否认技术进步过程中就业结构可能的改变,马丁·卡鲁依(Martin Carnoy,1997)承认,无论技术进步对就业量有什么样的影响,就业技巧的变化无疑都是显著的。事实上,收入效应发挥作用及新产品和服务的产生过程即是就业结构发生改变的过程。技术进步对劳动需求的影响很小,只有"劳动力技巧上的不一致会引起结构性失业",而且"政府政策能加以调整和纠正"。[1] 戈尔布瑞斯(Galbraith,1989)对美国经济进行研究后甚至认为,技术进步对就业影响主要依赖于宏观经济政策,即就业变化主要是宏观政策的结果,与技术进步无关。新古典主义的一个基本的观点是:即使出现最坏的情况,技术性失业也仅仅是暂时性或摩擦性的问题,不值得过分关注(Douglas Jones,1983)。这种观点也影响了一些政策制定者,英国劳工部在其一份报告中称"虽然不能说新技术一定能导致充分就业,但如果我们的竞争力不能与技术进步保持同步,则绝对会导致高失业率"(Douglas Jones,1983)。

凯兹和莫菲(Katz and Murphy,1992)借助于简单的供求框架,分析了技术进步对就业结构的影响,他们认为,技能偏好型的技术进步将增加对熟练技能劳动力的需求,减少对低技能劳动力的需求,使低技能劳动力的失业率趋于上升。达恩·埃斯莫格鲁

---

① 梁晓滨:《美国劳动市场》,中国社会科学出版社 1992 年版,第 195 页。

（Daron Acemoglu,1999）则认为有可能使得这两类劳动力的失业水平同时上升。莫特恩森和皮斯萨瑞德（Mortensen an Pissarides,1999）综合以上观点,强调技能偏好型技术进步对不同技能劳动者就业状况的影响因各国制度及社会等因素而异,当存在各种因素使得工资趋于刚性时,技能偏好型技术进步才会引起失业水平的显著上升。实证方面仍有待统一,如明科尔和丹尼尔（Mincer and Daniger,2000）的研究表明,美国1970～1995年的数据显示低技能工人的失业率有所上升,整体失业率则呈下降态势;而梯莫斯·萨金特（Timorthy C. Sargert,2001）对美国和加拿大在20世纪90年代数据的分析则显示,技术进步对不同技能劳动者的就业影响没有显著差别。

（三）技术进步的就业效应之分析视角

凯普林斯基（Kaplinsky,2002）综合相关文献,从八个层次探讨了技术进步对就业的影响。[1] 研究层次划分的主要依据是根据采用某一项新技术后对就业影响的范围。（1）过程层次的研究,即研究在某一生产或工作过程中,某一特定类型的新机器取代原先的生产设备后就业量的变化,如研究自动化（Wassily Leontief、Faye Duchin,1986）、机器人（章嘉琳,1980）。（2）工厂层次研究,即研究某一工厂在采用某一项技术后的工作职位减少问题。（3）公司层次研究,研究某一公司在采用某一项技术后的就业变化。研究中常常是把就业——产出关系与工作岗位的数目结合起来考虑,既包括技术对就业的正面影响,也包括负面影响。马丁·卡鲁依（Martin Carnoy,1997）认为在该层次的研究中有强有力的证据表明微电子技术的扩散与工作职位的减少有关。（4）行业层

---

[1] Martin Carnoy. : "The New Information Technology Intermational Diffusion and Its Impact on Employment and Skills", International Uournal of Manpower, Vol. 18. 1/2, 1997, pp. 119－159.

次的研究,生产或提供同类产品或服务的公司组成一个行业,由于行业中公司众多,不同公司采用新技术的前后时间不一致,因此这里研究的技术具有技术创新性质,研究中经常需要把技术创新、扩散与产出增长和就业联系在一起。(5)地区层次的研究。(6)大多数部门层次的研究都是从长期趋势的角度研究技术变革与就业之间的关系,如从农业到工业再到服务业的历史性变动。在该层次的研究中,技术更多的是具有技术系统的属性、技术与就业关系也类似于技术进步与就业的关系。(7)宏观经济、国家层次的研究,该层次研究技术进步对就业的直接、间接影响及各部门之间的内部联系等。间接影响与各部门之间内部联系包括:技术进步降低最终产品价格等于增加实际收入,从而增加需求,提高整体就业水平;技术进步增加产品的国际竞争力和扩大国外需求;技术进步增加对资本品的需求,形成相对劳动密集;技术进步提高产品质量,提供新产品,在耐用品市场饱和的情况下可以刺激需求。(8)全球层次的研究,研究在一个发展的世界中,技术扩散对不同类型经济中就业的影响,常常与国际劳动分工联系起来。技术进步促进了全球化,全球化促进了技术进步和资本对劳动的替代。全球化条件下,资本对劳动的替代加剧。全球程度依赖于技术进步和新产品的需求。此外,全球化扩大了市场从而提高了专业化,全球化加速了技术的转移,增加了竞争程度,所以资本——劳动比提高,投资增加,产出增长,同时因为资本替代劳动,工人的收入降低,并且就业前景不乐观。法国的事实、阿根廷的转型以及韩国等亚洲国家的崛起都具有资本替代劳动的特征,从而加剧了国内失业,并将部分劳动力推向了国际市场。①

---

　　① Ricardo J.: "Caballero and Mohamad L. Hammour. Jobless Growth: Appropriability, Factor Substitution, and Unemployment", Working Paper, NBER, October 1997, pp. 231 – 250.

（四）技术进步的就业效应在宏观经济分析中的运用

熊彼特（Schumpter,1934）的创新理论和经济周期理论将技术进步的就业效应纳入到宏观经济的分析框架。埃阁海恩和豪伊特（Aghion and Howitt,1992;1998）对熊彼特（1934）的思路做了很好地分析,他们实际上在尝试着将熊彼特的思路做一般性的推广,用这种分析框架来分析宏观经济学范畴的长期经济增长、失业以及可持续发展等。在熊彼特看来,增长和周期实际上是一致的,他们之间具有内在的一致性。他分析了经济发展理论之后,紧接着分析了经济周期（Schumpeter,1939）,并且提出了长波、中波和短波理论。他认为创新一旦结束,往往意味着衰退的开始。熊彼特早先所提出的是创新理论（Schumpeter,1934 或 1912）,他认为"循环流转"并不会带来真正的增长（他主要用的是"发展",实际上指的是经济增长）,只有创新,也就是对生产进行新的组合才会有经济增长。他明确提出了创新理论,特别强调了企业家的重要性,认为企业家的创新活动实际上就是为了追求垄断利润,而引入新的组合方式,这也就是增长的内在机制。在他看来增长和周期是内在一致的,所以他将创新理论拓展到分析经济周期（Schumpeter,1939）,认为创新的结束往往意味着周期的开始,特别地,他用历史的分析方法定义了长波、中波和短波。他的"创造性破坏"理论解释了结构性失业、技术性失业和经济周期,由此看出技术冲击的就业效应已经跳出了分析的目标而成为分析经济周期的工具。但在很长时间内他的见解被忽略。近些年来,这些观点再度引起了研究人员的兴趣。

除此之外,新古典宏观经济理论也将技术冲击的就业效应纳入宏观分析的框架。在劳动跨期替代模型中,技术进步决定不同时期的工资和利率,工人通过比较当期和下一期的工资和利率,决定是否增加当期劳动供给。劳动供给的增加和减少影响产量。实际经济周期理论以技术进步作为冲击之源,劳动跨期替代模型作为传导机制来解释经济周期和提出政策结论（Kydland、Prescott，1990）。在跨期替代模型中，技术进步是从劳动的供给方面作用于就业和产出，而"创造性破坏"理论中，技术是从劳动的需求方面来解释就业和产出，即使在技术冲击的就业效应中，所有的研究都是着眼于技术从劳动需求方面影响就业。劳动的跨期替代模型从劳动的供给方面分析技术进步对就业的影响，这要求劳动的供给弹性无限大。劳动的供给弹性极大的假设无法满足，同时现实中存在大量非自愿失业。所以这种假定劳动需求无穷，从劳动供给方面强调技术进步的影响受到严峻的挑战。

研究技术进步必然离不开相应的政策问题。基尔伯特·安图利和尼克拉·德利索（Gilberto Antonelli and Nicola DeLiso，1997）认为制定技术进步政策第一个需要考虑的是失业问题。从经济学的角度看技术进步，它总是与经济增长、发展等问题紧密联系在一起，但是技术进步与就业的关系非常密切，所以，对影响就业的技术进步政策的研究也很重要。此外，技术进步与劳动市场之间的关系从来都不是单向的，除了技术进步作用于劳动力市场的供求和就业水平外，劳动力市场的就业状态和劳动力具备素质直接决定着技术的创新、扩散和使用。有关技术进步与就业关系的政策效应包括：一是技术进步、就业、经济增长之间的关系及在投入限制条件下平衡增长的就业政策；二是平衡增长、就业的技术发展政策。

三、国内研究状况

（一）对"无就业增长"的原因探讨

国内对技术进步与就业之间的关系的探讨源于对中国"无就业增长"现象的解释。无论从理论上还是从实证上，一般均将中国的就业弹性下降的原因归结为：经济体制改革、产业结构转变和技术进步；并且，技术进步是就业弹性下降的主要的、长期因素。

常进雄（2003）认为经济体制改革是引起就业弹性下降的短期

因素。经济转型和就业体制改革的深入使国有部门和集体部门出现了大量的失业下岗人员,这是 20 世纪 90 年代以来 GDP 就业弹性大幅度下降的一个重要因素,但是这个因素对 GDP 就业弹性的影响只是短期的。因为从隐性失业的规模上看,在 20 世纪 90 年代中期,城镇国有和集体企业的隐性失业率根据不同的估计为 10% ～ 25%。[①] 按照这些估计的隐性失业率,隐性失业人员大约为 1300 万到 3000 万左右。而国有部门和集体部门在 20 世纪 90 年代累计的下岗人数已经超过了这个数字,可以说 20 世纪 90 年代的下岗高潮已经基本消化了积累在国有部门和集体部门的隐性失业人数。

产业结构和产业内部门结构的转变引起劳动力需求的结构性变动,从而对就业弹性产生影响。谌新民(1999)认为就业没有增长的原因是出现了结构性失业,因此从制度分析入手,对所有制结构、产业结构、地区结构和劳动者素质以及相关的户籍、社会保障制度对结构性失业的影响进行了剖析。蔡昉、都阳、高文书(2004)认为,目前的高失业率有很大的部分是自然失业率,主要由于劳动力市场不健全、产业结构调整和各种不利于就业扩大的规制而产生。并且这个失业组成部分并不能通过宏观反周期政策予以消除。

尽管如此,国内大多数研究倾向于将"无就业增长"的主要原因归结为技术进步。中国目前的经济增长取得了举世瞩目的成就,很多人将这一成就归功于技术进步。经过测算,张国初(2003)认为,1978 ～ 1999 年经济增长中技术进步贡献率约为 36.53%。夏杰长(2002)的结论是,1979 ～ 2000 年技术进步对经济增长的平均贡献份额为 28.57%。齐建国(2002)认为,1978 ～ 1999 年间该值为 33.06%。虽然由于各人估算方法的差异,导致

---

① 对我国隐性失业率有几个具有代表性的结果:国家科委估计为 28%,国家计委和体改委提出为 25%,国务院发展研究中心提出为 20% ～ 25%,统计局提出为 20%,劳动保障部提出为 12% ～ 15%。

分析结果有较大差异,但结论是统一的,即技术进步对经济增长起着举足轻重的作用。技术进步促进经济快速增长的同时,从两个方面降低了经济的就业吸纳能力。一方面,技术进步改变经济中的要素偏向,使资本、技术或知识密集型经济逐渐替代劳动密集型经济;另一方面,技术进步提高劳动生产率,在产出提高的条件下,就业不变或减少。因此,技术进步被看做造成就业弹性下降的主要的、长期因素。

就技术进步所引起的要素偏向的改变而言,一种观点认为资本对劳动的替代降低了就业弹性。20 世纪 90 年代以来 GDP 的就业弹性逐年下降,部分学者将其原因归结为工业走了资本密集化道路(胡鞍钢,1997;周其仁,1997),因为,中国经济结构正逐渐地脱离劳动密集型产业而进入资本密集型产业,相同资本带来的劳动就业的增长自然就比过去减少了,产业吸纳劳动力的能力就下降了,投资的增长不仅不带来劳动力投入的增长,甚至是排斥劳动力的主要因素(袁志刚、龚玉泉,2001),此外,资本的过度投资和过度积累也导致了快速的技术进步,而技术进步也是影响中国GDP 就业弹性下降的重要因素(袁志刚,2002)。张军(2003)认为,中国经济的迅速增长主要依靠资本的大量投入和积累,而资本的大量投入和积累使得企业在技术选择上显示了资本替代劳动的偏向,使技术路径偏离了要素禀赋的自然结构,加快了资本的深化过程,劳动力在经济增长过程中受到排挤,GDP 就业弹性出现下降的趋势。而导致过度投资和资本的过度积累又是由于国家长期的低利率政策改变了贷款的流向,使绝大多数贷款为国有部门所获,银行不愿提高利率,因为利率的上升会威胁负债累累的国有企业。① 除此之外,逐步攀高的工资成本也一步步地减少了就业的

---

① [美]托马斯·G. 罗斯基:《中国:充分就业前景展望》,《管理世界》1999年第 9 期,第 67~73 页。

增长,由于偏高的劳动力价格和资本利息的偏低,投资的资本密集倾向在微观水平上是理性行为,并对就业形势产生消极的影响(陈剑波,1997)。

相反的观点认为资本对劳动的替代没有降低就业弹性。钱永坤等(2003)利用定量分析方法检验这一推断,结果发现上述推断理由并不充分,20世纪90年代以来资本投资增加不仅没有替代劳动力,反而是拉动就业增加的主要因素,资本对劳动的替代并没有导致GDP的就业弹性下降。常进雄(2005)详细考察了要素供给、经济体制变革及经济增长等方面对就业弹性变化的影响,研究结果表明,要素禀赋因素并不是影响就业弹性变化的重要因素,而经济体制的变革以及收入、经济增长导致的市场需求结构的变化才是影响就业弹性变化的重要因素;所以,过分强调节约资本资源、发挥廉价劳动力优势并不能提高就业弹性,进一步扩大经济主体产权的多元化和设法实现经济的持续增长才是提高就业弹性和促进就业的关键。

由此可见,资本对劳动的替代是否引起就业弹性的下降,存在着不一致的观点,尚需进一步确定。但是,技术进步提高劳动生产率必然降低就业弹性,这是毋庸置疑的。在过去20年里,我国劳动生产率的持续提高无疑是GDP就业弹性下降的主要因素,由于资本深化、技术进步和劳动力素质这几个因素随着经济的发展会逐渐加强,劳动生产率的持续上升肯定是个长期趋势。所以,从长期来看,影响GDP就业弹性的最主要因素是劳动生产率,只要劳动生产率在不断提高,GDP就业弹性的逐步减少就一定是一个长期趋势(常进雄,2003)。

(二)对技术进步与就业关系的不同判断

要保持中国经济的快速平稳增长必须依靠技术进步,但中国的要素禀赋优势是劳动力充足,因此,在依靠技术进步还是发挥比较优势上,存在着两难选择;再加上中国正面临着"无就业增长"

的严峻现实,所以,国内学者也开始着手研究技术进步与就业之间的关系。

　　部分学者从国外相关研究的文献综述工作开始,介绍国外的研究进展和前沿动态。李正友、毕先萍(2004)回顾了李嘉图之谜、马克思的产业后备军理论、熊彼特的技术经济周期理论和熊彼特学派的技术经济范式,认为经济学家对于技术进步就业效应的分析思路日益明朗化,即技术进步作为最重要的生产力,是决定一国就业总体水平及变动的根本动力,而就业演变的结果(即是就业增加还是失业上升)则取决于一国的社会制度是否顺应技术进步的要求进行适时的调整。他们还综述了20世纪90年代以来国外对技术进步的就业效应的最新研究进展,剖析了技术进步影响就业的综合机制,并从社会福利角度探讨了技术进步对就业总量及结构的影响。黄彬云(2006)也对技术进步影响就业的相关研究进行了简单的综述,主要包括技术进步类型的划分、技术进步的衡量方法和技术进步对就业的作用机制三个方面。技术进步对就业的作用机制的总结比较简单,集中在技术进步对就业的总效应(增加就业或者减少就业)和资本对劳动的替代上。

　　此外,更多的人侧重于对中国的技术进步与就业之间的关系进行经验研究,最终形成了关于技术进步的就业效应的三种倾向性观点。

　　第一种观点强调技术进步的就业损失效应。张智勇(2005)通过对目前技术进步的两种表现形式——高新技术与技术引进进行分析,认为经济总量和就业总量未取得同步增长的一个重要原因是,技术进步带来了经济增长但同时造成了就业的减少。他指出,在技术进步和经济增长优先还是就业优先的问题上,应该给予后者足够的重视,必须把就业放在经济社会发展中更加突出的地位。宋小川(2004)认为无就业的增长的微观经济基础是全球化条件下的技术进步。在他看来,技术进步会减少就业机会。因为马克思早在一百多年前就精辟地指出资本有机构成中技术构成的提高会产生机器替代人的悲剧。经济全球化增加了竞争程度、加快了劳动力替代程度，从而导致资本劳动比的提高，以致就业减少。证据是技术进步使零售业劳动生产率提高了35%，网络直销造成大量的零售人员失业。全球化中外包、外购以及国外低成本科技人员的替代造成失业增加。另一方面，他相信技术进步创造就业机会。何静慧(2005)研究了1985～2002年间浙江省技术进步对就业的影响，发现在不同时期并不一致，有的年份增加了就业，有的年份减少了就业。姚战琪、夏杰长(2005)的分析显示，现阶段影响中国就业的主要因素依次是工资的增加、人力资本、技术水平的提升，其他因素对就业的影响不明显。他们使用2000至2002年中国31个省及直辖市的截面数据，回归分析的结论是技术进步减少了就业。龚益(2001)认为技术进步将劳动力市场划分为熟练劳动和非熟练劳动两部分，技术进步加速就会引起非熟练劳动力失业增加和熟练劳动就业的增加，从而出现结构性失业。

　　第二种观点强调技术进步的就业增加效应。技术进步不会带来就业机会的减少，而是就业机会的增加。刘庆唐在主编的《劳动就业原理》一书中写道："科学技术进步，并不会减少就业容量"，而是"大大增加了就业容量"①。王诚(2002)认为企业创新不仅不会增加失业，相反只能增加就业。熊彼特时代技术进步的创造性破坏的结果是失业上升，由于经济环境的变化，现在企业创新的结果是增加就业。中国从20世纪90年代中期以来，以就业弹性和再就业率反映的就业状况令人堪忧，就业弹性在最近十年来总体上一直处于低水平，在0.1和0.2之间。其原因是企业创新和核心就业扩展缓慢和严重滞后所导致。如果从产业或产业部门层面分析技术进步对就业的影响，一般的结论是技术进步减少

---

① 刘庆唐、王守志：《劳动就业原理》，北京经济出版社1991年版，第52页。

了失业。王德文、王美艳等（2004）从工业构成出发，发现中国是劳动替代资本，而不是资本替代劳动，因为劳动密集型的轻工业比重上升，而资本密集型的重工业比重的下降。在这种情况下，轻工业的技术进步刚好发挥了中国要素禀赋的优势，增加了就业。该实证结果表明，在考察 TFP 和劳动生产率与就业的关系时，一定要深入到产业的类别，否则，难以真正发现技术进步对就业的影响。这种研究进一步印证了产业技术进步与就业的关系，这就是，20 世纪 90 年代以来出现了劳动力跨地区流动，中部出现连片就业萎缩地区，劳动力持续外流，与之形成鲜明反差的是，沿海地区就业规模迅速扩展。这是因为沿海地区劳动密集产业和高新技术产业为主的制造业迅速发展（杨云彦、徐映梅等，2003）。该结果说明，20 世纪 90 年代中部地区低生产率、高失业率，沿海地区高生产率和高就业率。而沿海地区的产业是劳动密集型的新兴技术产业，这种产业的发展增加了就业。葛新权、金春华（2004）利用生产函数测定了科技进步对就业增长的贡献率，得到了科技进步增加就业的结论。昌盛（2005）利用生产函数测定了科技进步的就业增长率，并采用 1978～2002 年的统计数据进行了实证分析，得到了科技进步增加就业这一结论。童光荣、高杰（2004）利用状态空间法建立了 20 世纪 90 年代以来政府 R&D 支出与就业可变参数模型，估计并计算得到动态的就业乘数。通过理论推导和实证分析，得出结论：政府 R&D 支出的就业乘数总的来说比较显著，但 1996 年以来该乘数呈下降趋势。在肯定技术进步的就业增加效应的基础上，他们认为，中国当前就业紧张的原因是，技术基础差和技术进步速度慢。金春华、葛新权（2005）认为，由于中国的科技进步速度较慢，没有有效地发挥其促进就业的积极作用，所以剖析了如何在三次产业中利用科技进步有效地促进就业增长，并从总体上分析了有利于减轻当前就业压力的产业技术选择。安果（2004）重点分析了中国的就业问题与技术支持的关系，也指出影响中国就业问题的根源是落后的技术基础,因此,技术进步是解决中国中长期就业问题的根本途径。

第三种观点认为技术进步既有就业增加效应,同时又产生就业损失效应。技术进步是"双刃剑",既可能减少就业,又可以增加就业。关锦镗、曹志平等(1994)从科技革命发展史的回顾中发现,技术进步不仅可以促进就业的增加,而且带来就业的减少,要因时因地进行具体分析。催友平(2001)分析了技术进步与就业的相关性。认为科技进步一方面对劳动产生了排斥作用,出现了"机器排挤工人"的现象。同时,科技进步会导致社会分工的加深,就业领域的拓展,消费需求的增长,又可以增加就业总量。齐建国(2002)在研究技术进步与就业之间关系的基础上,进一步研究科技进步对中国就业总量的影响,总结了20世纪80年代技术进步对就业的正面影响,以及1991年开始的技术进步减少就业需求的情况。林毓铭(2003)从宏观角度考虑,科技进步对就业增长既有直接效应,也有间接效应;既有短期影响,也有长期影响。科技进步增加了就业扩大的难度,但同时也为就业增长产生一定的拉动效应。

技术进步对就业量影响的测度研究。齐建国(2002)从广义的角度定义技术进步,将就业弹性下降仅仅当做技术进步的结果,在这样的假设下,选定平均就业弹性作为基期的就业弹性,以此作为没有技术进步条件下的就业量,进而计算出技术进步增加或减少的就业量。何静慧(2005)根据齐建国的测算思路,运用浙江省的有关数据,选定1985年的就业弹性作为基期,算出浙江省1985年到2002年各年的技术进步增加或减少就业的数量。葛新权、金春华(2004)运用生产函数法将产出的增长分为要素数量贡献部分和要素质量贡献部分,从而推导出技术进步对经济增长的贡献率和对就业量的影响幅度,其结果是技术进步对就业的贡献份额等于它对产出的贡献份额。昌盛(2005)在葛新权、金春华测定方法的基础上,按照生产率的变化和技术进步增加产出量来设计出技术进步增加就业的公式,给出了技术进步增加就业的上限和下限。除此之外,其他的研究没有设计出测定方法,仅仅是从计量的角度考察了技术进步与就业的变量关系,如汤光华、舒元(2000);丁仁船、杨军昌(2002);姚战琪、夏杰长(2005)。另外,童光荣、高杰(2004)从内生技术进步的角度考察了政府为促进技术水平提高,通过设计出可变状态空间模型,计算除了政府 R&D 支出的就业乘数。

关于技术进步的就业效应之短期分析和长期分析。肖延方(2001)认为技术进步、资本有机构成提高对再就业具有双重作用。从短期看,资本有机构成提高必然降低资本对劳动力的需求,不利于增加就业。但从长期看,它意味着提高劳动生产率、增加积累、能实现扩大再生产和促进相关产业的产生和发展,有利于扩大就业。甘梅霞、刘渝琳(2006)基于协整分析,考察了技术进步对劳动要素的析出是短期的波动,二者在长期中不存在稳定的替代关系。并且,与很多呼吁放弃政府调控工资的结论不同,他们指出,可以通过工资水平这一桥梁工具来调控要素价格比率,以此实现兼顾促进技术进步的长远利益和避免短期就业的剧烈波动的目标,从而在推进技术进步的条件下发挥中国的劳动要素禀赋优势。

四、对已有研究的评论

从国外的有关文献来看,关于技术进步对就业之影响的研究集中于两方面:一是对技术进步的就业效应之研究,即研究技术进步对就业量、就业结构的影响,以及这种影响产生的机制;二是将技术进步的就业效应纳入宏观经济分析的大框架之中,用它作为传导机制来分析新经济周期和宏观经济现象。第一方面的研究是主要的,并且历经了百年论争,但仍然众说纷纭,莫衷一是。主要是因为技术进步对就业的总体效应,在理论上并不明确。① 理论的缺失只能依靠实证分析来补偿,但实证研究因其前提条件的差异性,往往更难达成一致。

对于技术进步的就业效应,它们分别考察了技术进步对就业量的影响、技术进步对就业结构的影响和技术进步的就业效应之研究视角。技术进步对就业结构的影响,指的是技术进步引起劳动力在地区间、产业间、部门间、企业间和职业间的流动,这方面的研究已经非常全面和具体。关于技术进步的就业效应之研究视角,从微观的企业车间层面到企业层面再到宏观的国际市场层面,已经很缜密和全面。至于技术进步对就业量的影响,沿着就业损失效应和就业创造效应两个方向,分别考察了其研究状况和形成机制。但是对就业损失效应和就业创造效应的研究既不全面,又没有深入到理论层面。

在分析就业损失效应时,仅仅强调了两个方面:一是技术进步提高劳动生产率,使同样数量的工人生产出更多的产品,或者同样的产出量所需要的工人数量更少;二是从需求的角度来看,技术进步导致需求和价格结构发生变化,相对价格高的产品和服务的需求绝对或相对减少,从而导致就业人员的绝对或相对减少。但是,忽略了另外两个方面:一是创新产生新产品,并使旧产品消亡,伴随旧产品的消亡,旧产品生产部门、产业、企业、车间的工人也退出就业领域;二是技术进步提高了资本的生产效率、降低资本成本,产生资本对劳动的替代。从就业损失效应的四个形成机制来看,只有劳动生产率提高和资本替代劳动两者导致就业绝对减少;而"创造性破坏"只是引发就业的结构性变动,既可减少就业,亦可增加就业;价格结构的变化引起就业损失,在数量上很微弱,并且

① Lachenmaier Stefan and Rottman Horst.: The Affect of Innovation on Employment A Panel Analysis [EB/OL]. 2005, Unpublished.

它也可以增加就业。由此可见，真正算得上就业损失效应的只有劳动生产率提高和资本替代劳动两种方式。

在分析就业创造效应时，仅仅从总需求的角度考察了价格效应和收入效应。技术进步通过价格效应和收入效应作用于总需求从而增加就业的传导机制，是一种间接的长距离传导机制，其效果因其距离过长而被弱化。相反，已有研究忽略了技术进步直接增加的产出转化为总需求的就业拉动作用，并且忽略了技术进步创造新产业、新部门扩大经济范围而增加的就业。因此，已有的就业创造效应的分析，既不全面也不精确。

此外，它们并没有将技术进步的就业损失效应和创造效应的分析上升到理论高度，更没有将两者融合在一起构造一个技术进步的总就业效应模型，因而不可能利用现有的研究结果测算技术进步对就业量的影响。

正因为如此，基于已有研究我们找到了契机。继续从就业量的角度深入探讨技术进步的就业损失效应和就业创造效应，并上升到理论层面，最终将两者融合起来构建技术进步的总就业效应理论模型，运用已经构造的理论模型测算一个国家或地区的技术进步对就业量的影响。这样就可以从理论回归实践，有效地回答技术进步对就业量的影响：到底增加就业还是减少就业，以及增加多少或减少多少，从而给百年论争一个圆满的回应。

然而，构造技术进步的总就业效应模型和测算技术进步对就业量的影响并不是我们的最终目标。因为，在运用技术进步与就业的关系分析宏观经济现象时，已有文献给我们留下进一步研究的空间。

将技术进步的就业效应作为传导机制应用于分析宏观经济问题的研究比较少，它主要集中于经济增长理论和经济周期理论。经济增长理论虽然同时考虑技术进步和劳动对产出的影响，甚至以劳动为中介考察技术进步对产出的影响，但是它强调劳动生产率因素,而不是就业量和就业结构的变化,即没有将技术进步的就业效应当做传导机制来分析技术进步对经济增长和周期波动的影响。20 世纪 80 年代之前的经济周期理论更强调需求冲击的经济波动效应,当然以石油价格冲击为主的供给冲击后来也被纳入到经济周期分析中。将技术进步视做经济周期波动之源,开始于熊彼特的"创造性破坏"理论,完善于真实经济周期理论。熊彼特的创新理论认为技术进步是经济周期波动的根源,但是在分析技术进步如何引起周期波动时,并不是沿着技术进步——就业——经济增长的思路进行阐述的。也就是说,尽管他看到了技术进步与宏观经济之间的密切关系,但是没有使用技术进步的就业效应这种传导机制来连接这两个变量。真实经济周期理论向前推进了一步,它不仅将技术进步作为周期波动的冲击之源,而且还运用劳动跨期替代模型来连接技术进步与经济增长。不过,其劳动跨期替代模型是从技术进步引起劳动力供给变动的视角进行分析的,并且假定劳动的跨期替代弹性很高。这些与事实相去甚远。微观经济学的研究表明劳动力的跨期替代弹性并不像标准的 RBC 模型中假设的那样高。Ball(1990)的研究表明劳动力总供给的波动基本上不是由跨期替代造成的。美国的实际数据也显示,个人就业或失业的替代才是造成劳动时间总体变化的真正原因,而非标准 RBC 模型中假设的人均劳动时间的改变引起劳动时间总体变化。此外,发展中国家劳动力无限供给,工作岗位稀缺,劳动者有就业机会已经很不错了,更谈不上在供给劳动时进行跨期选择;即使在发达国家,劳动力市场仍然是买方市场,劳动者在供给劳动力时主要受到劳动需求的约束。因此,从劳动力供给角度分析技术进步对宏观经济的冲击,不能解释发达国家的非"特征事实",更不能揭示发展中国家的一些经济现象。

　　这说明,在分析技术进步对宏观经济的冲击时,我们可以借助于技术进步与就业的关系,但是不能从技术进步——劳动力供给的层面切入,如果从技术进步——劳动力需求层面切入效果更佳。所以,本书试图从技术进步——劳动力需求层面,构建技术进步的就业效应理论,并运用它来解释中国的宏观经济现象。

国内对技术进步与就业关系的研究起步很晚。除了一些综述性研究之外,主要是围绕中国出现的"无就业增长"的讨论。"无就业增长"现象引起人们去探寻其成因。主要原因被认为是经济体制改革、经济结构转变和技术进步。技术进步被看做是长期的、最主要的原因,因此,建立起了技术进步——就业——经济增长之间的关系。但是,对这一关系的建立仅仅局限于经验实证上,并没有形成理论或者模型。所以,不能有效地运用技术进步来解释中国的经济周期和宏观经济悖论现象。也就是说,对中国经济周期和经济现象的揭示,还缺少一个与经济背景紧密联系的经济理论。于是构造技术进步的就业效应理论就可以弥补这方面的不足。

针对技术进步对就业量的影响,国内有三种观点:增加就业;减少就业;既增加就业,也减少就业。当前还没有统一的结论。尽管有人构造模型进行测算,但由于缺乏理论基础和模型不完善,测算结果经不起实际的检验。要克服这方面的不足,必须依托于中国的数据,重建技术进步的就业损失效应和就业创造效应的理论基础,再依据总就业效应模型测算出技术进步对就业量的影响。

由此可见,国内对技术进步与就业关系的研究基本上是承接国外的理论和模型,解释中国的经济现象而已。不过这些研究给我们一个非常重要的启示:中国许多经济现象需要进行解释。"无就业增长"的原因莫衷一是,技术进步对就业的影响悬而未决。将这些悬疑连接起来,就构成了我们研究技术进步的就业效应之现实意义。因为,一旦建立了技术进步的就业效应模型,就可以测算技术进步对就业量的影响;一旦运用技术进步的就业效应分析宏观经济现象,就可以解释"高增长、低就业和低物价"现象。

第三节　选题意义、全书结构与研究方法

一、选题意义

本选题具有极大的理论意义和极强的现实意义。

理论意义之一：技术进步对就业的影响已经是百年论争的主题，在新的科技革命时期，它又焕发出生机和活力，如何从理论上给出一个中肯的答案，是当前迫切需要完成的任务。新的科技革命从微观到宏观冲击着整个社会经济系统，改变着增长、就业和物价的运行轨迹，同时，就业或失业与收入分配和社会稳定紧密联系在一起，因此，技术进步与就业的关系再次成为人们关注的焦点。所以，如果能有效地回答技术进步对就业的影响，也算是对百年论争的圆满回应。

理论意义之二：新的科技革命从微观经济到宏观经济冲击着整个经济系统，改变了经济运行的基础和运行机制，以至于出现了许多经济周期理论难以解释的非"特征事实"，如"高增长、低就业、低物价"之类的宏观经济关系、过剩资本没有雇佣过剩劳动的重大事实。以主流经济理论为基础的奥肯定律和菲利普斯曲线在描述这些宏观经济关系时失效，即使是 RBC 理论在诠释这些现象时也略显无能为力，因此，迫切需要构建新的经济理论。

现实意义之一：中国的宏观经济关系出现了非"特征事实"必然对宏观经济政策产生冲击。高增长是所有人企望的好事，但是低就业产生的巨大压力，不得不使人对政策导向产生疑虑，于是就业优先还是增长优先一直成为政府权衡的重点。高增长低物价是所有政府追求的目标，但是如果物价过低，且与 GDP 增长速度不协调，又会导致通货紧缩，因而在政策上时刻提防通货紧缩；同时，一旦较低的物价有所回升，通货膨胀的压力抬头。所以政策始终在通货紧缩和通货膨胀的边际绷紧着神经。总之，在科技革命迅

猛发展的条件下,必须对宏观经济关系形成新的认识思路和新的识别标准,才能从容不迫地引导宏观经济政策。

现实意义之二:21世纪的中国经济面临着世界范围内的新技术革命的挑战,既要广泛应用高新技术实现产业结构的升级,增强产业的国际竞争力;又要把创造就业机会、缓解国内巨大的就业压力作为重点工作。如何选择经济增长的路径,成为目前学术界关注的焦点。因此,中国当前的实践要求我们对技术进步的影响给出明确的结论,并提出正确处理技术进步、经济增长和就业之间关系的措施。只有正确掌握技术进步与宏观经济之间的关系,把握科技发展与就业的正确关系,才能正确制定我国科技发展的战略,制订中国教育、就业的计划,协调经济、科技与社会的发展。

现实意义之三:中国由资本短缺转而成为资本过剩,但是过剩的资本并没有吸收过剩的劳动力,这表明中国的生产函数不再是传统意义的生产函数。既然过剩资本的作用不能表现为增加就业,以工资的形式支付给劳动,那么应该以变相的方式转移给劳动者,比如鼓励对外直接投资和进行外汇储备投资等,都可以获得利润收益,将这些利润收益用作失业救济、职业培训、免费教育和最低生活补助等方面。这样,过剩资本尽管不能在短期内雇佣劳动,但是它为雇佣劳动奠定了人力资本、社会资本的基础,长期内可以增加就业。

二、结构体系

全书共分八章,基本的结构安排及主要观点如下。

导论部分,首先提出问题,然后进行文献综述,最后对文章的选题意义、结构安排、研究方法和创新点逐一进行说明。

第一章,技术进步与"高增长低就业"。技术进步是本书的关键词,在立论之前必须明确界定技术进步的含义和度量标准。在度量技术进步之后,我们检验了技术进步与经济增长、就业的关系,发现技术进步是造成中国"高增长低就业"的主要原因。这为后文提出了一个问题:技术进步是如何造成"高增长低就业"。

第二章,技术进步与劳动力供给。技术进步与高增长的关系已由增长理论回答过了,剩下的问题是,技术进步如何使"高增长"与"低就业"并存。要回答这个问题,必须立足于劳动力市场,探讨技术进步对就业的影响,分别考察技术进步对劳动供给与劳动需求的影响。因此,本章单独考察技术进步对劳动供给的影响。研究结果表明,技术水平的提高降低了人口的死亡率,提高了人类的生活水平,加速了人口增长率,进而增加了劳动人口的供给量,在其他条件不变的情况下,劳动供给与技术进步是同向变动关系。

第三章,技术进步的就业损失效应。承接上一章的,当然是技术进步对劳动需求的影响。技术进步对劳动需求具有两重影响:一是降低劳动需求,二是增加劳动需求。本章讨论技术进步降低劳动需求,即技术进步的就业损失效应。技术进步的就业损失效应表现为两个方面:首先,技术进步提高劳动生产率,在一定的生产规模下减少了就业岗位、降低了劳动需求,这是第一类就业损失效应;其次,技术进步同时提高资本生产率和劳动生产率,形成不同偏向的技术进步,导致生产要素的替代,而节约劳动型的技术进步趋势明显,因此,要素替代的结果是劳动需求下降,这是第二类就业损失效应。

第四章,技术进步的就业创造效应。与就业损失效应对应的就是就业创造效应。技术进步的就业创造效应是指,技术进步通过有关途径创造就业机会,增加就业岗位,从而增加劳动需求的一种机制和效果。技术进步的就业创造效应是通过技术进步扩大生产规模和扩大经济范围的渠道实现的。由扩大生产规模形成的创造效应,称为技术进步的第一类就业创造效应;由扩大经济范围形成的创造效应,称为技术进步的第二类就业创造效应。

第五章,技术进步的就业总效应。综合考察技术进步对劳动供求的影响发现,技术进步对就业量的影响决定于技术进步对劳动需求的影响,它具有不确定性,即决定于就业创造效应和就业损失效应的大小比较。从劳动力市场拓展到产品市场,我们发现决定劳动需求的根本因素还有经济规模,不过经济规模对劳动需求的影响是单调的同向作用。因此,整个经济中就业量从根本上是由经济规模和技术进步决定。我们将叠加于生产规模效应之上的技术进步的就业总效应分析框架和模型称为技术进步的就业效应理论。技术进步的就业效应理论可以用来解释典型和非典型宏观经济关系。

第六章,技术进步的就业总效应测算。运用上面建立的技术进步就业效应理论对中国的情况进行了检验。技术进步对就业的净影响表现为减少就业,即就业损失效应。技术进步一方面提高劳动生产率减少就业;另一方面增加产出扩大投资增加就业,同时创造出新的产业和部门扩大经济范围增加就业,但是其减少的就业量超过了增加的就业量,因而最终表现为净就业量损失,平均每年净减少就业量3000万~3500万。

第七章,技术进步的就业总效应与宏观经济关系。在完成技术进步对"高增长低就业"的分析后,本章集中笔力考察技术进步对"高增长低物价"的影响。物价的最终水平决定于生产成本和产品的市场供求,产品的市场供求是叠加在生产成本之上对物价发生作用。中国的基本情况是,低就业低工资,因而低生产成本;产能过剩,产品严重供过于求。因此,低生产成本和需求不足的结果必然是低物价。到此为止,将前面各章串联起来,技术进步的就业效应理论就解释了中国的非典型宏观经济关系。

第八章,结论与建议。

三、研究方法

本书的内容布局是按照以上思路展开;研究方法上,力图综合运用计量方法、对比方法、均衡分析法、历史学分析方法和动态分析工具,实现多学科多视角的综合分析。

（一）理论借鉴与引申发展相结合。在写作过程中,文中参考了大量相关研究文献,在总结、借鉴前人研究成果基础上,对其进行评析,进一步引申和发展,形成本书观点。

（二）利用生产函数法测算出劳动和资本的产出弹性,再使用"索洛余值法"测量技术进步水平和技术进步速度。

（三）均衡分析是本书的主要分析方法。首先,基于劳动力市场,考察了技术进步对劳动力供给和需求的影响,从而得出技术进步对劳动力市场的均衡就业量的作用结果。其次,分析了劳动力市场和产品市场的劳动力需求的一般均衡结论。最后,还是使用均衡分析的方法探究了价格水平的深层次决定因素。

（四）运用历史的方法回溯了历次科技革命及其对就业的影响与政策反应。

（五）使用协整、格兰杰因果等计量方法实证分析了技术进步与就业、产出、物价之间的关系。

第四节　创新点与不足之处

一、可能的创新点

（一）提出了技术进步的就业效应理论。技术进步对就业量的影响是通过劳动力市场实现的,因而本书从劳动力市场出发,基于一般均衡分析,从劳动力供给和需求两个方面入手,构造了技术进步影响就业水平的分析框架。由于技术进步对劳动力供给具有确定性影响:劳动力供给随着技术进步而增加,技术进步对就业水平的影响决定于其对劳动力需求的作用,所以,我们集中笔力从技术进步影响劳动力需求角度,探讨技术进步的就业效应。从技术进步影响劳动力需求的角度,我们发现,技术进步同时产生就业损失效应和就业创造效应,并且它们是动态变化的,因此,技术进步对劳动力需求量的作用有三种结果:增加劳动需求、减少劳动需求和劳动需求量不变。

再从产品市场来看,决定劳动力需求的因素是经济规模。在劳动生产率一定的条件下,经济规模扩大,劳动力需求增多;反之,劳动力需求减少。也就是说,在生产率一定的条件下,劳动力需求与经济规模同向变动。

将产品市场和劳动力市场结合起来考察,我们发现决定劳动需求的最终力量是经济规模和技术进步,技术进步叠加在经济规模之上对劳动需求产生影响。由于劳动需求与经济规模同向变动,但技术进步对劳动需求的影响存在三种结果,所以,就业量的变化最终决定于技术进步的就业创造效应和就业损失效应的大小比较。这就是技术进步的就业效应理论,它从深层次解决了就业水平的决定问题。

传统经济理论认为,就业水平是劳动力市场供求均衡的结果,劳动需求由厂商的劳动需求决定,而厂商的劳动需求又决定于工资水平和经济景气状况,工资又决定于劳动供给和需求,形成循环论证。而技术进步的就业效应理论改变了劳动需求的决定路径,为宏观经济变量的变化找到了微观基础。同时也改变了 RBC 理论中的技术进步—劳动供给的分析思路,转变为技术进步—劳动需求的分析思路。该理论既可以解释非"特征事实",也可以解释经济周期中的"特征事实",能够解释传统就业决定理论不能解释的问题。我们还根据该理论构造出了技术进步决定就业量的模型,依据这些模型测算出了中国各年份的技术进步对就业量的影响情况。

(二)使用技术进步的就业效应理论解释了中国的重大宏观经济现象。中国的宏观经济出现了"高增长低就业"悖论和物价超周期变动现象,这些非"特征事实"产生于新科技革命和经济全球化时代,并对传统的周期理论提出了挑战。如何解释和解读它们,是中国宏观经济继续健康发展的需要,也是经济周期理论发展的需要。

根据技术进步的就业效应理论,我们认为,随着生产规模的扩大和技术水平的快速提高,中国的经济获得了高速增长。尽管生产规模扩大增加了就业,但是由于技术进步的就业损失效应大于就业创造效应,所以在一定程度上抵消了生产规模扩大而增加的就业量,以至于就业增长大大地落后于产出增长,即"高增长低就业"。

物价的超周期性在中国表现为"高增长低物价",它也是困扰价格理论和周期理论的非"特征事实"。为了有效解释这一重大现象,本书在技术进步的就业效应理论基础上,构造了一个新的价格决定模型。根据价格理论,价格变动要么是成本变化的结果,要么是需求变化的结果,但实际上,纯粹成本推动或需求拉动的情况很少,而是成本和供求共同引起的价格变化。依据这种思路,我们认为成本是决定价格变化的基础力量,市场供求是叠加在成本之上的力量,于是提出了基于成本变化的市场供求决定的价格理论。劳动力成本是物价的主要成本,工资上涨推动物价上升,工资下降引起物价下降。由于"低就业",中国的工资水平普遍偏低,以至于成本推动物价上升的力量很弱。由于"高增长",产出迅速增加,产能过剩,产品市场严重供过于求,所以引致物价下降的力量强大。因此,最终出现了"高增长低物价"。

综上所述,"高增长低就业"悖论和物价的超周期性连接起来,就是"高增长、低就业和低物价",它们构成了中国的重大宏观经济现象。我们所建立的技术进步的就业效应理论能有效地解释它们,并可以据此提出政策建议。实际上,技术进步的就业效应理论除了能有效解释非"特征事实"构成的重大宏观经济现象之外,还可以解释"特征事实"构成的经济周期现象。

二、需要进一步研究的问题

尽管本书提出从技术进步的就业效应视角诠释经济周期中的非"特征事实"和"特征事实",并构造了技术进步的就业效应理论,提出了价格决定模型,但都是基于宏观层面的分析,还缺少微观基础。这是本书最大的不足,但这也为以后做进一步研究提供了方向。

另外,文章中研究的对象仅仅局限于中国,没有涉及其他国家或世界经济。这既是文章的不足之处,也是一种需要。因为文章中提出的问题在中国尤为突出,因此集中篇幅切实解决了这些问题,就可以用构造的理论探讨其他国家的类似问题。因此,对美国及其他国家的相关研究可以作为后续工作。

第一章　技术进步与"高增长低就业"

技术进步有广义与狭义之分,在经济学家看来,任何足以使生产函数移动的力量,都是技术进步;即产出中不能用劳动和资本解释的部分都归功于技术进步,技术进步等同于"索洛余值"或全要素生产率。基于广义技术进步的考量,我们计算出中国的全要素生产率,并以此为基础检验了技术进步与产出、就业这两个宏观经济变量之间的关系。检验结果表明,技术进步不仅促进了经济增长,而且降低了经济的劳动吸纳能力。

第一节　技术进步及其测算

一、技术进步的定义

技术是人类在认识自然和社会,以及改造自然和社会的活动中,根据实践经验或科学原理所创造或发明的各种物质手段及方式方法之总和。所谓物质手段,包括工具、机器、仪表、仪器和设备等;所谓方式方法,包括实践型的知识、经验、技能、技巧等(陈筠泉、殷登祥,2001)。它是劳动工具、劳动对象及劳动者的劳动技能的总称(徐寿波,1986)。因此,技术不仅仅包括生产工具这样的物化形式,还包括各种知识形态的形式,诸如工艺规程、制造技艺、生产组织管理方法等。不仅生产领域存在技术,管理、决策、交换、流通等领域也存在技术问题,比如,经营管理技术、决策技术、计划技术、组织技术、推销技术、服务技术等。一般把生产技术等依赖于自然科学知识、原理和经验的技术称为"硬技术",而把管理技术、决策技术等以自然科学与社会科学相交叉的学科为基础的技术称为"软技术"。狭义的技术仅指"硬技术",广义的技术包括"硬技术"和"软技术"。

虽然亚当·斯密早在《国富论》中对技术进步进行了分析,但斯图门·鲍尔(Stoneman Paul,1983)指出,"对于技术进步,我们尚没有明确和完整的定义"①。事实上,技术进步的定义因太泛而缺少一个公认的标准。相对而言,为较多人接受的观点是,技术进步泛指技术在合目的性方面所取得的进化与革命。所谓合目的性,即指人们对技术应用所期望达到的目的及其实现的程度。通过对原有技术(或技术体系)的研究、改造、革新,开发出一种新的技术(或技术体系)代替旧技术(或技术体系),使其应用的结果更接近于应用的目标,这时我们就说产生了技术进步(李京文、郑友敬,1989)。

目前对技术进步的理解也可分为狭义技术进步和广义技术进步。狭义技术进步主要指在硬技术应用的直接目的方面所取得的进步,可分为进化与革命两种形式。当技术进步表现为对原有技术和技术体系的改革创新,或在原有技术原理或组织原则的范围内发明创造新技术和新的技术体系时,这种进步称为技术进化。如,机床与电脑相结合,组成数控机床;黑白电视机进化到彩色电视机等。当技术进步表现为技术或技术体系发生质的变革时,就称其为技术革命,如蒸汽机技术、电力技术和自动化技术等。属于硬技术进步的主要有以下八个方面内容:(1)人的劳动技能的提高;(2)采用新机械设备和对旧机械设备进行改造;(3)采用新工艺和改进旧工艺;(4)采用新材料;(5)采用新能源;(6)生产前所

---

① Stoneman Paul: *The Economic Analysis of Technological Change*. Oxford University Press, 1983, p.4.

未有的新产品和对原产品进行改进,使其性能和质量提高;(7)采用新设计;(8)降低生产消耗,提高投入产出率。①

广义技术进步是经济学界提出的概念。在经济学家看来,任何足以使生产函数移动的力量,都是技术进步;即产出中不能用劳动和资本解释的部分都归功于技术进步,技术进步等同于"索洛余值"或全要素生产率。② 很显然,推动生产函数外移的力量除硬技术进步之外,还包括制度因素、社会因素和自然因素的力量。因此,经济学定义的技术进步包括了软技术进步。属于软技术进步的也有八方面内容:(1)采用新的方针政策;(2)采用新的组织与管理体制和方法;(3)推行新的合乎经济发展规律的经济体制;(4)推行新的合乎社会、经济、科技发展规律的政治体制;(5)采用新的决策方法;(6)采用新的能长期发挥人的积极性的分配体制与政策;(7)采取新的能促进生产要素的合理配置的发展模式;(8)用新的理论与方法指导思想政治工作激发人们的积极性。③

综上所述,对技术进步最全面的、接近实际的理解应该是包括硬技术进步和软技术进步的广义技术进步。硬技术进步与软技术进步相辅相成,只有硬技术进步,没有软技术进步的配合,是不能发挥最大效用的,而只有软技术进步,而没有响应的硬技术进步也是不行的。李京文和郑友敬(1989)考察中国自20世纪50年代以后的20多年的技术进步的状况证实了这点,"技术进步没有给中国工业生产率带来丝毫的提高,这说明,没有良好的管理、没有使用这些技术手段的人的积极性,再先进的技术也不能

---

① 李京文:《人类文明的原动力:科技进步与经济发展》,陕西人民教育出版社1997年版,第96页。

② [英]海韦尔·G.琼斯:《现代经济增长理论导引》,郭家麟、许强等译,商务印书馆1999年版,第208~241页。

③ 李京文:《人类文明的原动力:科技进步与经济发展》,陕西人民教育出版社1997年版,第98页。

发挥作用"①。尽管广义技术进步的范围宽泛,难以将制度改进等因素从中剥离出来,但是它有助于真实、全面地考察技术进步的情况,文中讲的技术进步均指广义的技术进步。

二、技术进步的研究路线

循着狭义技术进步和广义技术进步的划分轨迹,我们发现,自 20 世纪 50 年代中期以来,对技术进步的研究沿着微观和宏观两条线索展开。

微观经济研究考察的对象是狭义的技术进步,探讨技术进步的微观过程。曼斯菲尔德(Mansifield,1968)将微观经济的研究概括为,探索了技术进步的源泉和原因,新思想和新方法在经济中传播的速度。微观研究将技术进步作为内生变量,剖析了一项技术或一类技术从要素投入经过研发,最后到新技术形成和扩散的形成机理。技术进步的微观过程包括基础研究、应用研究、开发、创新和技术扩散五个阶段。研究着眼于探索新知识,开发是将知识转化为生产力。通常研究和开发分为三种类型,即基础研究、应用研究和开发研究。根据美国国家科学基金会给出的定义,基础研究由没有特定生产目标的科学知识的原始研究组成;应用研究是指发现关于产品或工艺的有特定生产目标的新科学知识,而开发研究指的是把研究成果或其他专门知识转变成产品或生产工艺的非常规技术活动。研究能导致发明。发明是为了获得一定产品或工艺的新方法的发现。发明包括对以前根本不存在的东西的创造和对以前一直存在的东西的发现。发明的第一次商业应用称为创新。创新的工艺提高了以最优实践工艺为标准的技术水平,从而对技术进步的增长率有最直接的贡献。创新的速度和新思想、新

---

① 李京文、郑友敬:《技术进步与产业结构——选择》,经济科学出版社 1989 年版,第 17 ~ 18 页。

方法的传播速度直接决定着技术进步增长率。技术进步发生于企业,企业家是创新的主体,因此,熊彼特特别强调企业家在经济发展中的作用(熊彼特,2000)。他将创新分为五种类型:(1)引进新产品或产品的一种新特性;(2)采用新的生产方法,或者商业上处理一种产品的新方式;(3)开辟新的市场;(4)控制原材料或半成品的新供应来源;(5)实现企业的新组织。① 他还提出了一个序列:发明、创新和仿制。发明是技术专家的储备,创新是企业家的决策,仿制是技术的扩散。技术进步微观研究的意义在于,分析研究投入与技术进步的关系;找出可行的技术水平提高途径,自主研发还是技术引进;把握技术进步的方向和新技术的传播速度,等等。

宏观经济研究考察的对象是广义的技术进步,探索技术进步在宏观经济的总体范围内所起的作用,包括技术进步在经济增长进程中的意义、技术进步的外生性与内生性、微观的创新如何转化为宏观的技术进步和技术进步的要素偏向(Nordhaus,1969)。与微观路线不同的是,宏观研究将微观的各类技术"概括"为或"抽象"为一种技术,摒弃技术的差异性,探究"总体技术"进步在宏观经济范围中所起的作用。要研究技术进步在宏观经济中的作用,首先必须能够科学地度量技术进步。广义的技术进步涵盖了硬技术进步和软技术进步,而且各类技术进步不同质,不能进行叠加,所以经济增长理论借助于生产函数,计算出全要素生产率,以此来代表技术进步的速度。同样是从宏观总量的角度,对技术进步的要素偏向进行分类。根据技术进步对国民收入中劳动和资本所占比例的变化,将技术进步分为希克斯中性、哈罗德中性和索洛中性。在假定经济结构优化的条件下,宏观路线只是从量的角度研

---

① ［美］约瑟夫·熊彼特:《经济发展理论》,何畏、易家详等译,商务印书馆2000年版,第64~105页。

究技术进步对经济增长和经济波动的影响,从而忽略了技术进步对经济结构的影响。总之,技术进步的宏观研究路线便于从整体上分析技术进步对宏观经济各变量和经济结构的影响,并且便于进行经验研究。

由于本书试图通过技术进步的就业效应来分析技术进步对宏观经济关系的影响,所以在分析技术进步的就业效应时更多地使用微观路线的分析方法,在研究技术进步对宏观经济关系的影响时,着重使用宏观路线的"抽象"方法。

三、全要素生产率的测算

测度经济增长中技术进步的贡献的方法通常包括:新古典增长模型、C—D 生产函数、CES 生产函数、索洛增长速度方程和丹尼森模型等。技术进步度量的是对产出中不能用资本和劳动投入解释的部分的贡献,即由生产率提高产生的贡献,所以测算技术进步转化为计算全要素生产率(Total Factor Productivity,TFP)。由于"索洛余值"能更好地体现产出中不能用资本和劳动解释的部分,因而索洛余值法成为测算全要素生产率最流行的方法。在实际运用过程中,TFP 指数代表技术水平,TFP 增长率代表技术进步的速度。

国内学者关于全要素生产率的定量研究始于 20 世纪 80 年代初,具体来说可以分为三个阶段:第一阶段(1983~1986 年),主要介绍、分析、评价国外的理论方法,并应用和改进这些理论方法;第二阶段(1987~1989 年),侧重于全要素生产率现有理论方法的评价和思考,以及研究全要素生产率定量测算方法的规范化问题;第三阶段(20 世纪 90 年代以来),进行方法重构、使用随即前沿生产函数分解全要素生产率以及将全要素生产率研究与其他问题(产业结构、人力资本等)协调进行研究分析。从他们计算出的中国全要素生产率来看,差异很大。差异产生的主要原因来自两个方面,一是对产出弹性的确定,二是变量数据的确定。确定产出弹性主要有两种方法:一是运用最小二乘法对生产函数(C—D 生产函数)进行回归,估计出劳动的产出弹性和资本的产出弹性;另一种方法是根据国民收入恒等式中资本报酬和劳动报酬所占份额来确定资本产出弹性和劳动产出弹性。沈坤荣(1997)综合各种类型生产函数的计量分析结果,在大样本统计检验可靠的基础上,采用 C—D 生产函数估计的结果,确定资本产出弹性为 0.4,劳动产出弹性为 0.6,以此测算出了 1953～1994 年的全要素生产率。同样采用 C—D 生产函数,孙敬水(1996)使用当年价格表示的 GDP 和国内总投资,算出劳动的产出弹性为 0.3849,资本产出弹性为 0.6151,从而测算出了 1978～1995 年的全要素生产率。仍然是借助于 C—D 生产函数,张军和施少华(2003)以 1990 年不变价格测算的产出和资本(资本按照贺菊煌测算方法计算①),确定劳动产出弹性 0.391 和资本产出弹性 0.609,并计算出了 1952～1998 年的全要素生产率。李京文等(1996)运用国民收入分配法确定资本产出弹性和劳动产出弹性,以固定资产的净值和流动资产的和作为资本,以从业人员作为劳动投入,进而算出了 1952～1995 年的全要素生产率。

通过比较多种全要素生产率测算的方法和结果,本书认为张军、施少华的测算比较合理。因此,根据他们的数据处理方法,补充了 1999～2007 年的产出、资本和劳动力数据;根据他们的测算思路计算出与其相同劳动产出弹性 0.391 和资本产出弹性 0.609,进而利用产出弹性计算出了 1952～2007 年的全要素生产率的各项指标,见表 1-1。

---

① 贺菊煌:《我国资产的估算》,《数量经济技术经济研究》1992 年第 8 期,第 35～38 页。

表 1－1　1952～2007 年中国经济 **TFP** 指数及其增长率（单位:%）

年份	TFP 增长率	TFP 指数	TFP 当期指数	年份	TFP 增长率	TFP 指数	TFP 当期指数
1952		100	0.2359	1980	0.0171	97	0.2288
1953	0.0647	106.47	0.2512	1981	− 0.0012	96.89	0.2285
1954	− 0.0386	102.37	0.2415	1982	0.0326	100.04	0.2359
1955	− 0.0062	101.73	0.2400	1983	0.0524	105.28	0.2483
1956	0.0656	108.4	0.2557	1984	0.0821	113.92	0.2687
1957	− 0.0278	105.39	0.2486	1985	0.055	120.19	0.2834
1958	0.0630	112.02	0.2643	1986	0.017	122.23	0.2883
1959	− 0.011	110.79	0.2614	1987	0.0445	127.68	0.3011
1960	− 0.0729	102.71	0.2423	1988	0.0401	132.8	0.3132
1961	− 0.2909	72.83	0.1718	1989	− 0.0183	130.37	0.3074
1962	− 0.0727	67.54	0.1593	1990	− 0.0643	121.98	0.2877
1963	0.0648	71.91	0.1696	1991	0.0363	126.4	0.2981
1964	0.1260	80.97	0.1910	1992	0.0773	136.18	0.3211
1965	0.1049	89.47	0.2110	1993	0.0607	144.44	0.342
1966	0.0334	92.46	0.2181	1994	0.0489	151.5	0.36
1967	− 0.0987	83.34	0.1966	1995	0.0297	156	0.3721
1968	− 0.0839	76.34	0.1801	1996	0.0211	159.29	0.3815
1969	0.1092	84.67	0.1997	1997	0.0172	162.03	0.3897
1970	0.1105	94.04	0.2218	1998	0.0083	163.37	0.3931
1971	− 0.0035	93.71	0.2210	1999	0.005	167.42	0.395
1972	− 0.0157	92.24	0.2176	2000	0.0173	170.31	0.4018
1973	0.0141	93.54	0.2206	2001	0.0137	172.65	0.4073
1974	0.0326	90.48	0.2134	2002	0.0191	175.94	0.4151
1975	0.0258	92.82	0.2189	2003	0.0202	179.5	0.4235
1976	− 0.0624	87.03	0.2053	2004	0.0158	182.33	0.4302

年份	TFP 增长率	TFP 指数	TFP 当期指数	年份	TFP 增长率	TFP 指数	TFP 当期指数
1977	0.0254	89.24	0.2105	2005	0.013	184.69	0.4358
1978	0.0526	93.93	0.2215	2006	0.0193	188.26	0.4442
1979	0.0153	95.37	0.2249	2007	0.0185	191.75	0.4524

注:测算表中结果所使用的 1952～1998 年的数据直接来源于张军、施少华:《中国经济全要素生产率变动:1952—1998》,《世界经济文汇》2003 年第 2 期,第 17～24 页。1999～2007 年数据是根据《中宏数据库(教育版)》的原始数据整理计算出来的,《中宏数据库(教育版)》检索入口:http://edul.macrochina.com.cn。

第二节 经济增长与技术进步

中国目前的经济增长取得了举世瞩目的成就,很多人将这一成就归功于技术进步。经过测算,张国初(2003)认为,1978～1999 年经济增长中技术进步贡献率约为 36.53%。夏杰长(2002)的结论是,1979～2000 年技术进步对经济增长的平均贡献份额为 28.57%。齐建国(2002)认为,1978～1999 年间该值为 33.06%。虽然由于各人估算方法的差异,导致分析结果有较大差异,但结论是统一的,即技术进步对经济增长起着举足轻重的作用。但是为了证明技术进步对产出的高增长有重大贡献,本书试图重新检验技术进步与产出之间的关系。

要考察技术进步对经济增长的作用,第一步要探讨技术进步与产出变量的相关特征。表 1－2 给出了中国 1952～2007 年间年度数据下技术进步指数 A、技术进步指数的对数 LNA、LNA 的一阶差分 $DLNA$、实际产出 Y(按 1990 年不变价格计算的 GDP)、实际产出的对数 LNY 和 LNY 的一阶差分 $DLNY$ 之间的配对相关系数矩阵。[①]

---

① 技术进步指数数据来自表 1－1;产出数据来自于《中宏数据库(教育版)》,检索入口:http://edul.macrochina.com.cn。

表1-2　技术进步和产出变量配对相关系数矩阵

	A	Y	$DLNA$	$DLNY$
A	1.000000	0.921835	0.220268	0.303197
Y	0.921835	1.000000	0.124252	0.169366
LNA	0.992383	0.874997	1.000000	0.880254
LNY	0.897544	0.902421	0.880254	1.000000
$DLNA$	0.220268	0.124252	1.000000	0.975303
DLNY	0.303197	0.169366	0.975303	1.000000

　　由此可见,技术进步指数 A 与产出 Y 之间、技术进步指数的对数 LNA 与产出的对数 LNY 之间,以及 $DLNA$ 与 $DLNY$ 之间都呈高度的正相关关系。这证实中国的经济增长与技术进步之间存在相互依存关系。

　　由于变量之间因果关系的确立,仅当各变量的单整阶数相等时才有效,所以第二步进行单位根检验,讨论各变量的单整阶数。对中国的技术进步和产出的各变量进行 ADF 检验,主要检验结果见表1-3。

　　从检验结果来看,序列 LNA 与 LNY 都是非平稳序列,而它们的一阶差分序列 $DLNA$ 和 $DLNY$ 均已平稳,可以判定 LNA 和 LNY 为一阶单整I(1)。再对 LNA 和 LNY 进行协整检验,检验结果如表1-4。

表1-3　相关变量时间序列的 ADF 检验结果

变量	ADF 值	检验类型 (c,t,n)	1% 临界值	5% 临界值	DW 值	是否平稳
LNA	-0.652756	$(c,t,1)$	-3.5598	-2.9178	1.706321	否
LNY	0.914848	$(c,t,1)$	-3.5598	-2.9178	1.720332	否
$DLNA$	-5.544096	$(c,0,1)$	-3.5625	-2.9119	2.107944	是
$DLNY$	-5.418379	$(c,0,1)$	-3.5625	-2.9190	2.136532	是

注:检验类型中的 c 和 t 分别指常数项和时间趋势项, n 为停滞后期, $DLNA$ 和 $DLNY$ 分别表示对应变量的一阶差分。

表1-4 Johansen 协整检验结果

Eigenvalue	Trace statistic	5% 临界值	1% 临界值	假设的协整个数
0.322865	21.56132	15.41	20.04	0
0.024453	1.287344	3.76	6.65	1

表1-4结果表明当 $r = 1$ 时,出现了第一个不显著的轨迹统计量(Trace statistic),这说明 LNA 和 LNY 两序列之间存在一个协整关系。虽然 LNA 和 LNY 有各自的变动规律,短期内 LNA 与 LNY 可能表现出非一致性,但在长期两者却表现为一致性,形成稳定的均衡关系。

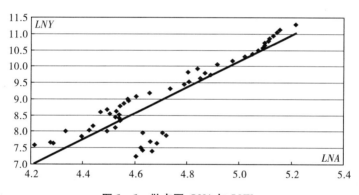

图1-1 散点图:LNA 与 LNY

既然 LNA 与 LNY 都是一阶单整,并且存在协整关系,所以它们之间存在长期的稳定关系。从它们之间的散点图可以判断(图1-1),它们具有较明显的线性关系,据此可以建立如下回归方程:

$$LNY = \alpha + \beta LNA \qquad (1.1)$$

利用 EVIEWS 软件对该回归方程进行回归的结果如下:

$$LNY = -9.729 + 3.979LNA \qquad (1.2)$$

$$t \ (-6.922)(13.377)$$

$$R^2 = 0.775 \quad AD - R^2 = 0.771 \quad D.W. = 1.832 \quad S.E. = 0.057$$

从结果来看,尽管判定系数只有0.775,但它表明 *LNY* 变异中的约78%可以由 *LNA* 来解释。*LNY* 是产出水平,*LNA* 是全要素生产率指数,即技术水平。方程显示技术水平与产出水平正向变动,且变动系数为3.979,表明技术水平提高1%,产出量增加将近4%;如果技术水平下降,将相应降低产出量。

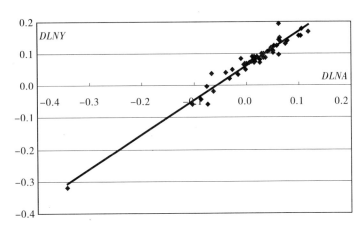

图1-2 散点图:*DLNA* 与 *DLNY*

根据上面的检验,我们知道 *DLNA* 与 *DLNY* 之间既高度相关,同时它们又是平稳时间序列变量,因此,可以直接建立它们之间的函数模型。通过它们之间的散点图可以看出(图1-2),它们之间具有明显的线性关系。因此建立如下线性模型:

$$DLNY = \alpha + \beta DLNA \qquad (1.3)$$

利用 EVIEWS 软件对该回归方程进行回归的结果如下:

$$DLNY = 0.0637 + 1.076\, DLNA \qquad (1.4)$$
$$t\,(26.491) \qquad (31.534)$$

$R^2 = 0.951 \quad AD-R^2 = 0.95 \quad D.W. = 1.8869 \quad S.E. = 0.0172$

上式表明 *DLNY* 与 *DLNA* 之间存在近乎完美的对应关系。*DLNY* 是产出取对数后的一阶差分,所以它实际上就是产出的增长率;同样,DLNA 是技术进步增长率的变化率,即技术进步速度的变化率。技术进步增长率变化率与产出增长率之间是正向变动关系,并且其系数是 1.076,表明技术进步增长率每提高 1%,产出增长率也会相应提高 1.076%;相反,技术进步增长率每下降 1%,产出增长率下降 1.076%。这说明过去五十多年来,中国技术进步增长率的变化极大地影响着产出增长率的变化。改革开放以来,技术进步增长率每年均为正值(除 1990 年外),表明技术进步速度年年都在提高,因而导致了经济增长率年均达到 9.78%。尤其是 2002 年来,技术进步速度的大幅度提高,极大地提高了产出增长率,使其年均增速超过 9.85%。

第三节 就业弹性变化与技术进步

根据上面的分析,技术水平每提高 1%,产出量增加 4%;技术进步速度每变化 1%,几乎引起产出增长速度同等幅度的变化。由此可见,技术进步确实促进了产出的快速增长。至于技术进步对就业的影响,这里试图通过技术进步与就业弹性的关系分析给出初步的结论。

我们知道,一般认为造成中国的就业弹性下降的主要因素是经济体制改革、产业结构转变和技术进步,[①]并且经济体制改革和

---

① 还有一种观点认为,过度就业也是造成就业弹性下降的原因。所谓过度就业,不包括那些仅仅是因为源自勤劳的天性,或者源于对事业的追求,而付出比社会平均水平更多的劳动时间和劳动强度的情况,而是指那种因为社会性、制度性、体制性等原因,社会成员中的相当一部分人被迫承担过多的工作量的就业行为方式。它表明社会中存在一部分劳动力资源处于过度使用的状态。根据刘军(2004)的个人估计,中国因过度就业而减少的就业岗位应该在 1000 万以上。过度就业在中国比较普遍,但是在理论分析中并没有将其视做降低就业弹性的因素。这是因为对过度就业的认识刚开始,另外,与过度就业对应是,隐性失业仍然大量存在,到底是过度就业量大,还是隐性失业量大,没有一个比较研究的结论。

产业结构转变对就业具有短期影响,而技术进步具有长期一致性影响。那么,到底哪一种因素是导致就业弹性下降的主要因素呢?

改革开放以来,在经济体制领域里有两个重大的变革对就业产生了重要的影响:一是经济主体产权制度的变革,通过大力发展非国有经济创造了大量就业机会,可以用非国有经济增加值占整个国内生产总值的比重来表示,由于统计数据的限制,这里用工业部门中非国有工业总产值占工业总产值的比重来代替。二是20世纪90年代以来劳动就业制度的变革,使国有企业和集体企业有了更大的用工自主权,并在20世纪90年代导致了大量的工人从国有企业和集体企业下岗失业。这里用职工人数占整个城镇就业人数的比重来表示。

关于产业结构调整,主要表现为三次产业产值在 GDP 总产值中的比重变化。一般而言,随着产业结构的变化,就业结构和经济的就业容量也会变化。中国经济结构的变化不仅表现为三次产业结构的变化,而且更主要地表现为工业在国民经济中的地位的变化。所以,这里用工业增加值占 GDP 的比重来度量产业结构的变化。

根据影响就业弹性的各因素,我们建立有关模型如下:

$$E = \alpha_0 + \alpha_1 NIP + \alpha_2 W + \alpha_3 IS + \alpha_4 A \qquad (1.5)$$

模型中,E 表示就业的产出弹性,NIP 代表非国有工业企业产值在工业总产值中的占比,W 是城镇就业人员中的职工占比,IS 表示产业结构的变化,A 是技术进步,使用前文已经测算出的 TFP 增长率表示。

将 1978~2007 年的相关数据[①]代入模型进行回归分析,发现方程的拟合度不好,并且 W 项的存在破坏了模型的解释性。因

---

① 2004 年以前的数据来源于《新中国 55 年统计汇编(1949—2004)》;2005 年以后的数据来源于《中国统计年鉴(2008)》。

此,在剔除 W 项后,所得的比较理想的回归结果如下:

$$E = 1.395 - 0.0058NIP - 0.019IS - 3.429A \qquad (1.6)$$
$$t \ (4.458)(-4.438) \quad (-2.457)(-5.498)$$

$$R^2 = 0.732 \quad AD-R^2 = 0.716 \quad D.W. = 2.038 \quad S.E. = 0.098$$

从方程的回归结果来看,在 1978~2007 年间,经济体制改革、产业结构转变和技术进步都与就业弹性呈现反方向变动关系,即它们都引起了就业弹性的下降。尽管经济体制改革扩大了非公经济的比例,增加了就业,但是也释放出了公有经济中的大量无效就业人员,两者合力的结果是对就业弹性产生负效应。不过,弹性系数较小,只有 0.0058,这表明经济体制改革力量对就业弹性的作用可以忽略不计,或者说,经济体制改革对就业弹性的影响基本是中性的。三次产业结构的转变也对就业弹性产生了微小的负面影响。尽管中国产业结构中第二产业的份额扩大,但是它主要是资本投入型的工业,对劳动的吸纳并没有提高很多,从而对统计数字的影响不大,因为,如果这些就业没有转移到第二产业,滞留在第一产业中的劳动力在统计数据中仍然当做就业人员。与经济体制改革和产业结构的微弱影响不同的是,技术进步对就业弹性产生了非常强劲的反作用,技术进步速度每提高 1%,就业弹性就下降 3.429%。由此可见,技术进步极大地降低了产出的就业吸纳能力。

第四节　小　　结

要建立技术进步的就业效应理论,进而据此讨论技术进步与重大宏观经济现象之间的关系,首先必须对技术进步进行明确的规定。经济学所讨论的技术进步是广义的技术进步,在经济学家看来,任何足以使生产函数移动的力量,都是技术进步;即产出中不能用劳动和资本解释的部分都归功于技术进步,技术进步等同于"索洛余值"或全要素生产率。本书从广义的角度使用技术进步。根据广义技术进步的含义,以及其他文献对中国全要素生产率的测算,我们测算出了 1952～2007 年的 TFP 指数和增长率。

利用测算出来的技术进步数据,检验了技术进步对产出和就业弹性的影响。计量结果表明,技术水平提高带来了产出量的增加,技术进步速度的变化引起产出增长速度的同步变化,即技术进步促进了中国经济的快速增长;技术进步速度变化与就业弹性变化之间呈现出明显的反方向变动关系,技术进步对就业弹性的下降产生了强劲的影响。

因此,经验研究表明技术进步是"高增长低就业"的主要原因。技术进步对经济增长的贡献已经为经济理论和经验研究所证明,无须本书赘述。但是,技术进步在促进"高增长"的同时,如何又造成了"低就业",这仍然是一个未解之谜。

第二章　技术进步与劳动力供给

为了揭开谜底,我们依托劳动力市场,构造了技术进步的就业效应理论。就业是劳动力获得有报酬工作的一种状态,就业水平是劳动力市场上劳动力供求平衡的结果,就业水平(量)的变动决定于劳动力市场上的供求力量的变化。因此,要建立技术进步的就业效应理论,必须立足于劳动力市场,分析技术进步对劳动力供求的影响。

技术进步的就业效应理论的构建必须从劳动力市场的供求出发,除此之外,本部分还重点讨论了技术进步对劳动力供给的影响。技术进步既作用于劳动供给的数量,也作用于劳动供给的质量。技术水平的提高降低了人口的死亡率和提高了人类的生活水平,加速了人口增长,进而增加了劳动人口的供给量。根据人力资本投资理论,技术进步增加了劳动力的人力资本,进而提高了劳动供给的质量。因此,在其他条件不变的情况下,劳动力供给与技术进步速度同向变动。

第一节　分析的起点:劳动力供求

技术进步的就业效应是指,技术进步对就业量和就业结构的作用机制和效果。技术进步对就业的影响,既可以从宏观层面进行分析,也可以从微观层面进行分析;既可以分析技术进步对就业量的影响,也可以分析技术进步对就业结构的影响。虽然进行全面的研究有必要,但为了解释前文中提出的问题,本书决定从宏观层面分析技术进步对就业量的影响,①并据此建立一个技术进步的就业效应理论,用它来分析经济增长和经济周期。

技术进步的就业效应是考察技术进步对就业量的影响,所以必须考察就业量的决定。就业是劳动力获得有报酬工作的一种状态,就业水平是劳动力市场上劳动力供求平衡的结果,就业水平(量)的变动决定于劳动力市场上的供求力量。影响劳动力供求力量的因素多种多样,但是技术进步因素是既作用于劳动力供给方又作用于劳动力需求方的重要变量。所以,如果要将技术进步对就业的影响纳入主流经济学的分析逻辑,必须从技术进步对劳动力供求分析开始,即必须以劳动力市场作为分析的起点。

劳动力市场研究从劳动力的供求分析开始,并以劳动力的供求分析结束。劳动力市场的需求方是雇主,其关于雇佣劳动力的决策受到三个市场条件的影响②;劳动力市场的供给方是劳动者和潜在的劳动者,这些人在做出是否提供劳动以及在何时提供劳动的决策时,必须考虑到他们的其他时间花费方式。就业水平与就业条件是劳动力市场环境与劳动力市场供求均衡的结果。劳动力市场的主要结果与就业条件(工资、劳动报酬水平、工作条件)及就业水平有关。在分析这些结果时,通常必须区分构成整个劳动力市场的各种职业、技术和人口群体。任何劳动力市场的结果,程度不等地受制于供给和需求。

---

① 技术进步的就业效应包括技术进步对就业量和就业结构两个方面的影响,技术进步对就业结构的影响亦即技术进步的劳动力流动效应。如果研究技术进步的劳动力流动效应,将无助于解释上文提出的重大宏观经济悖论现象,反而离散了文章的中心。因此,文章中的技术进步的就业效应仅仅指技术进步对就业量的影响。

② 这三个市场条件是:企业产品的需求量、一定价格水平下的可以利用的资本和劳动力的数量、可以获得的技术选择。

　　劳动力市场环境反映了劳动力市场的市场化程度,即劳动力是按照计划方式还是按照价格机制进行配置。在计划配置条件下,劳动力不被当做商品,不具有商品的流动性,而是作为计划调控的对象,因此,无法形成市场价格;为了社会目的往往实现全员就业,劳动效率低下,劳动力配置扭曲。与此相反,在市场配置劳动力的条件下,劳动力是一种人格化的商品,遵循商品市场的价值规律,劳动力的供求双方根据既定信息实现各自的最优选择,从而达到劳动力的合理配置,因此,市场工资和就业水平由劳动力市场的供给与需求决定。本书所讨论的劳动力市场是按照价格机制配置劳动力的市场。尽管中国的全国统一劳动力市场没有发达国家的市场化程度高,还存在一定的劳动力流动障碍、劳动契约不规范等问题,但是一个竞争性的市场基本建立起来,并且市场化程度逐渐提高。所以,可以用西方劳动力市场理论分析中国当前的劳动力市场。

　　就业水平和工资决定于劳动力市场的供求双方。衡量就业水平的指标有就业率、就业劳动力总量、就业劳动力增量和失业水平。失业与就业是反向变动的两个变量,失业率的高低,失业人数的增减同样也可以说明就业水平。这些变量都是由劳动市场的供求决定。供给既定时,需求增加会增加就业和拉升工资率;需求既定,供给增加会压低工资率,同时增加就业;如果需求和供给同时增加,那么就业增加,工资率的变化决定于两者的变化幅度。

　　既然就业水平由劳动力的供求决定,那么研究就业水平的变化,必须深入分析劳动力的供给和需求的变动。

　　企业是劳动力的需求方,企业将各种生产要素,主要是劳动力和资本结合起来,生产出用于销售的产品和劳务。而企业总产量以及资本与劳动力的组合方式,取决于其产品需求量、一定价格水平下的可以利用的资本和劳动力的数量、可以获得的技术选择。在其他因素不变的条件下,工资率的变化产生规模效应和替代效应,使劳动力需求与工资率呈负相关关系,从而需求曲线的斜率为负。假定可以利用的技术、资本和劳动力供给的条件不变,产品的需求增加,企业产量水平明显提高,规模效应在给定的工资率条件下将增加劳动需求。如果产品需求、技术和劳动供给不变,资本供给发生变化,短期因生产成本降低,生产规模扩大,产生规模效应增加劳动力需求;长期形成资本对劳动的替代,减少对劳动力的需求。

　　影响劳动力供给的因素包括工资率、财富、偏好、工作条件和雇员福利等。但最基本的因素还是工资率、财富两个因素。财富的多少,可以形成收入效应,财富越多,劳动力供给越少;收入越少,劳动力供给越多。财富中非劳动收入(利息收入、遗产等)的增加,进一步刺激人们增加闲暇的消费,降低工作的愿望①。

　　因劳务不能与工人相分离,而劳动收入迄今是普通人收入的最重要的来源,所以,工资率是影响劳动力供给的最主要的因素。某个行业或企业的过高工资(个别工资超过均衡工资)会导致劳动力的过剩供给;过低工资(个别工资低于均衡工资)会使劳动力供给不足。实际工资高于保留工资所形成的经济租金越大,劳动力供给越多;否则,反之。劳动力在经济租金不同的企业或行业之间进行流动。不过,工资率的变化产生收入效应和替代效应。但是,在总收入较低的情况下,替代效应大于收入效应,因此劳动力供给增加;一旦收入较高,收入效应就会超过替代效应,劳动力供给就会减少。所以,经济学中劳动力供给曲线向后弯曲。

　　除了上述影响劳动力供求的因素之外,技术进步因素既影响劳动力供给,也影响劳动力需求。而且技术进步对劳动力供求的

————————

　　① Douglas Holtz-Eakin, David Joulfaian, and Harvey S. Rosen. : "The Carnegie Conjecture: Some Empirical Evidence", *Quarterly Journal of Economics* 108, No. 2, 1993, pp. 413–435.

影响是一个古老的话题,早在李嘉图时代就分析了技术进步对就业水平的作用,在马尔萨斯时代,分析了技术因素对劳动力供给的作用。但是,后来主流经济学越过了技术进步对劳动供求分析,直接考察技术进步对就业的影响。本书认为,只有从技术变量影响劳动力供求开始,才能将技术因素对就业的分析纳入主流经济学的分析框架,因而从技术进步对劳动供求的影响开始,文章集中探讨了技术进步对就业,进而对宏观经济关系的影响。

第二节　技术进步与劳动力供给

基于劳动力市场的技术进步的就业效应分析,首先应该探讨技术进步对劳动力供给与需求的影响。从技术进步作用于劳动力供给的角度来看,技术进步促进了医药技术的发展和生活水平的提高,降低了因饥饿、贫困、疾病和瘟疫导致的死亡率。在人口出生率基本不变或稳步增长的条件下,人口死亡率的下降,必然使人口自然增长率上升。人口是劳动力供给的来源,人口的快速增长使得劳动力供给迅速上升。因此,从人类历史进程来看,技术进步对劳动力供给的促进作用非常明显。

一、劳动力供给决定于人口增长

人口与劳动力供给之间的关系最早在人口失业论中得到充分论述。人口增长过快失业论者认为,人口是劳动力供给的来源,人口增长无节制的情况总会超过物质资料的增长,因而,随着人口的增长势必出现过剩人口,带来诸如失业、贫困等问题。这种理论的典型代表是新老马尔萨斯主义者。马尔萨斯在分析 19 世纪后期欧洲大量存在的工人失业和贫困状况时指出:失业的原因在于工人人口增殖过多,人口增长过快。他在《人口原理》一书中写道:过剩人口"在大自然的盛宴席上,没有人替它安排一个席位,大自然要它走开"①。

第二次世界大战以后,一些西方学者更全面、更深刻地研究了人口增长带来的人口过剩、资源短缺、环境恶化、粮食紧张、人口爆炸等危及人类生存的问题,主要代表是福格特1949年出版的《生存之路》、保罗·艾里奇1970年出版的《人口爆炸》和梅多斯1972年出版的《增长的极限》等。他们都认为现代社会发展中出现的一系列棘手问题,追根溯源在于人口增长过快;1973年石油危机打破了西方世界创造充分就业的黄金梦之后,有相当一部分人把失业生成的原因归为劳动供给的异常增长,如妇女大量加入劳动力队伍,大规模移民的到来,使得劳动供给的增加大大超过了劳动需求的增加。当前,不少社会学家和经济学家也把人口增长过快,作为发展中国家失业人口居高不下的"罪魁祸首"。可见,人口失业论是一种具有广泛影响和很强生命力的理论。

人口失业论将失业的原因归因于劳动供给方面,而忽略劳动需求方面,因而具有片面性。但是,它突出人口过快增长导致劳动力供给过剩从而加速失业,无疑具有合理性。劳动力是总人口中年满16周岁的人口的一部分,人口增长直接增加劳动力,劳动力数量随着人口数的变化而变化。以至于许多考察劳动供给的模型直接将劳动力增长率等同于人口增长率,如库普曼—拉姆齐模型、罗默模型、布兰查德模型等等。

中国是世界上的人口大国,人口基数大,人口自然增长率很高,因而劳动力的绝对量和所占百分比都很高。根据世界银行提供的数据,1980年中国的劳动力为5.39亿人,占世界劳动力总量的26.4%,相当于中等收入国家劳动力总量的1.05倍,相当于高收入国家劳动力总量的1.46倍;1995年中国劳动力总量为7.09

---

① [英]马尔萨斯:《人口原理》,子菁、南宇译,商务印书馆1961年版,第514页。

亿人,占世界劳动力总量的 26.3%,相当于中等收入国家劳动力
总量的 1.03 倍,相当于高收入国家劳动力总量的 1.64 倍。2003
年,中国总人口近 13 亿,其中劳动年龄人口近 10 亿人。过大的人
口基数和过快的人口增长率使得劳动力供给持续快速增长,大大
超过劳动需求量,社会面临着巨大的、持续的就业压力。

二、人口增长决定于出生率和死亡率

人口自然增长率由出生率和死亡率决定,随着出生率和死亡
率的相对变动,人口增长率呈现出波动的轨迹。根据人口增长的
变动规律,C. P. 布莱克尔提出了人口增长阶段论,[①]将人口增长划
分为五个阶段:高度静止阶段;早期扩展阶段;后期扩张阶段;低度
静止阶段;递减阶段。

在人口增长的"高度静止"阶段,很高的人口死亡率和出生率
处于相近的水平。这种低水平的均衡是由当时较低的生活水平决
定的。当经济发展起步时,人类社会进入人口增长的"早期扩展"
阶段,这时人口出生率大致停留在同过去一样高的水平,同时人口
死亡率下降。随着经济的进一步发展,人类社会进入人口增长的
"后期扩张"阶段,这时人口出生率也开始下降,下降的死亡率和
下降的出生率之间的缺口消失。在低度静止阶段,人口增长趋于
静止状态,这是由于已经下降的死亡率和处在一个低水平的人口
出生率大体相等。在这个阶段之后,由于人口出生率下降到最小
可能的死亡率之下,社会经济可能面临着人口的绝对减少。

出生率和死亡率是人口增长阶段论的核心变量。在运用人口
增长阶段论时,必须详细考察出生率和死亡率的变化方向和变化
速度,以及引起它们变化的原因。自 18 世纪以来,世界人口快速

---

① 　[法]阿尔弗雷·索维:《人口通论(上册)》,查瑞传译,商务印书馆 1983
年版,第 163~168 页。

增长,除出生率提高之外(尤其是发展中国家),更重要的原因是死亡率普遍和急剧地下降。

由于没有下降趋势的高出生率和明显下降的死亡率,大多数不发达国家都处于可能的人口高速增长阶段。不发达国家的出生率,大约在年40‰左右,有些国家有时更高。与此形成鲜明对照的是,发达国家的出生率要低很多,一般在20‰至25‰之间。不发达国家的死亡率,由于医疗条件和疾病控制的发展而呈现出下降趋势。高出生率和下降的死亡率使不发达国家的人口自然增长率非常高。[①] 表2-1中的数据能很好地表明这个现象。

表2-1　发达国家与不发达国家的人口增长率　　（单位:%）

发达国家	年人口增长率		不发达国家	年人口增长率	
	1960~1969	1997~2007		1960~1969	1997~2007
美国	1.3	1.10	马来西亚	3.0	2.2
瑞典	0.7	0.50	巴西	3.2	1.3
意大利	0.8	0.31	菲律宾	3.1	2.0
法国	1.1	0.44	印度	2.3	1.6
英国	0.7	0.46	巴基斯坦	2.4	2.3
丹麦	0.7	0.35	斯里兰卡	2.4	1.9
比利时	0.6	0.55	泰国	3.1	1.7
奥地利	0.5	0.40	印度尼西亚	2.4	2.2
日本	1.0	0.15	哥伦比亚	3.2	3.0

数据来源:1960~1969年数据来源于世界银行图表集:《经济与发展》1972年第1期第9卷;1997~2007年数据来源于《中国统计年鉴(2000—2008)》,http://www.stats.gov.cn/tjsj/ndsj/。

---

①　Dr. Gautam Mehta: *Economic Challenges of Population Growth*. Mahaveer Publications, 1988, p.24.

至于引起人口死亡率下降的原因,联合国社会事务部的研究已经提供了线索。"在 19 世纪前半叶,西方国家的死亡率开始以缓慢的速度下降,随之愈益加快,一直到 19 世纪末,成为引人注目的下降……。与人口有关的一般社会条件开始被探索。发展起来的繁荣的副产品是,改进了环境卫生和其他公众的健康程度,医学知识的增长和一般教育的普及……在 18 世纪和 19 世纪前半期,死亡率水平的所有重要决定因素的进步,与其说是由于医学科学的发展,还不如说是由于生活水平的提高;在最近的 100 年,相反的结论可能是真实的。"①联合国社会事务部的研究表明,死亡率的普遍、急剧下降是由于医学科学的发展和生活水平提高的结果。而医学科学的发展和生活水平的提高都是科技进步的结果,因此,科技进步通过降低人口死亡率促进了人口增长。

三、技术进步降低死亡率

马尔萨斯(1961)在《人口学原理》一书中指出,人口按照几何级数增长,而粮食按照算术级数增长,人口增长受到粮食不足的限制。如果人口增长趋势较快,如何达到平衡呢? 他在该书 1798 年第二版中,提出了人口抑制的两种形式:②(1)与死亡原因和增长的死亡率有关的积极型抑制,包括贫困、疾病、疴疫、饥饿和战争;(2)与出生率有关的预防型抑制,包括诸如流产之类的"不适当的技术"。在马尔萨斯看来,抑制人口增长的方式包括贫困、饥饿、疾病、疴疫和战争,那么降低死亡率的办法就是反贫困、反饥饿、反疾病和反战争。科学技术进步促进医学科学的发展和人类生活水

---

① 联合国社会事务部:《人口趋势的决定因素和后果》,《人口研究》1987 年第 17 期,第 69 页。

② [英]马尔萨斯:《人口原理》,子蒡、南宇等译,商务印书馆 1978 年版,第 106 页。

平的提高,这在一定程度上解决了贫困、饥饿、疾病、疽疫问题,降低了人口死亡率。

(一)技术进步提高医药技术和改善环境卫生条件

对于欧洲人口死亡率普遍、迅速下降的原因一直是人们感兴趣的论题。古藤·美塔(Gautam Mehta,1988)将18世纪和19世纪的欧洲人口死亡率下降的原因归纳为以下三点:(1)抗生素和杀虫剂的发展。通过残留的杀虫剂特别是滴滴涕(DDT)的作用,疟疾的发生在很大的范围上能够降低到可以忽略不计的比率,其成本微不足道。其他重大的疾病例如雅司病、梅毒,或许一直到结核,通过抗生素的相对低廉的治疗会好转。(2)不发达国家有效的公众健康组织的发展。这种发展已经成为可能,例如,不发达地区通过建立公众健康训练中心,医生在欧洲或美国的大学经过了培养,世界卫生组织帮助制订的计划已开始实施。(3)环境卫生的合适的低成本方法的发明。环境卫生的合适的低成本方法的发明(例如廉价的手拉冲水式厕所)和发现,通过公众健康,验证了传入这些装备和设备应用的有效技术。在公众健康的更直接的医疗方面,经验的交流又说明并引导农村地区更快地发展。无疑,这些课程的学习将使未来的公众健康工作更有效。很明显,古藤·美塔(Gautam Mehta)强调了医药技术和环境卫生技术的进步在降低欧洲人口死亡率中的突出作用。

与古藤·美塔(Gautam Mehta)不同的是,卢卡斯、麦克唐纳等(1985)在综合前人研究的基础上,对18、19世纪欧洲和北美洲死亡率下降出现得比较早的原因进行了全面归纳和总结:(1)改革农业导致粮食生产增产和食物营养得到改善(例如英国农业革命包括改良肥效、谷物轮作和冬季谷物的种植等)。(2)工业化,工厂系统的发展意味着制造的商品种类增多,工厂生产(例如钢犁、蒸汽机等)也对改善农业和运输有所贡献。(3)改善运输使粮食和其他食品的分发更为方便。例如在欧洲,铁路使农村提供的粮食能迅速运往城市地区。(4)社会改革,如工厂中的童工管理法。
(5)较好地控制室内和工作区的温度和湿度可以有效地减少一些
疾病。(6)公共卫生,包括改善供水系统和污水处理,以及水源净
化等(例如过滤可以从水中清除掉霍乱和伤寒菌)。(7)改善个人
卫生:由于上述第二条和第六条而有了可能。例如廉价的棉制品
(容易洗涤)和肥皂一般都已广泛使用等。(8)无菌操作法和抗菌
法(排除和杀死病原组织)由约瑟夫·理斯特于19世纪晚期发
明,例如外科手术器械的消毒等。(9)免疫学(研究身体对疫病抵
抗能力的科学),例如,詹纳于1798年发表的关于接种可以预防天
花的论文和科克、帕斯特发现的接种适量菌苗可以预防一系列严
重疾病等。从卢卡斯、麦克唐纳等的研究来看,导致人口死亡率下
降的直接原因包括两方面:一是工农业生产的技术进步和社会变
革提高了社会生活水平,上面列出的1~4项;二是医学技术的发
展和环境卫生条件的改善降低了因疾病引起的死亡率,上面列出
的5~9项。

总之,技术进步促进了医学科学的发展、医药技术的提高和环
境卫生条件的改善极大地降低了疾病的威胁和困扰,从而降低了
死亡率。同时,技术进步提高生活水平也极大地降低了死亡率。

(二)技术进步提高生活水平

朱利安·L.西蒙(1984)在《人口增长经济学》①中探讨人口
增长的原因时,详细地考察了马尔萨斯主义者的发明拉力假说。
马尔萨斯主义者的发明拉力假说认为发明经常一次又一次地出
现,它不依赖于人口增长,然而发明增加生产能力并为更多人提供
生活资料。因此,人口增加以便利用这种新的生产能力一直到所
有的生产潜力被耗尽为止。于是,马尔萨斯主义者的假说认为,人

---

① [美]朱利安·L.西蒙:《人口增长经济学》,彭松建译,北京大学出版社
1984年版,第199~203页。

口增长的历史不过是自发发明史的一种反映。

虽然发明拉力理论被贴上了"马尔萨斯主义"的标签,但并不是马尔萨斯在1798年发表的《人口论》中所阐述的。不过,这是大多数人口学家关于这个课题所明确阐发的思想,其中以V. G. 蔡尔德(Childe)和C. M. 西波拉(Clpela)的作品为代表①。发明拉力假说分析的初始均衡点是:一个生产略高于仅能维持人们生存水平的社会,人口的膨胀是以技术应用达到仅能维持人们生存为其限度的。然后,有时候人口规模从此趋于不稳定,其原因是死亡率本身的变化(从狭义的马尔萨斯主义理论来看);或者是由于死亡率变化,或者由于节育(从广义的马尔萨斯主义理论来看),这就更加接近马尔萨斯《人口论》后来几版的观点。后来有人发现在同样面积的土地上能生产出更多的粮食,然后又转向采用新技术。人口再次膨胀一直达到新技术所能达到的生存限度,如此等等。

根据发明拉力假说,当用已知的耕作方法耕种的土地达到其"供养能力"(carrying capacity)时,人口的膨胀则因死亡率的增长而停止。人们可以把土地供养能力的限度看做大体上是在这个时候出现的,即当时产量的平均水平刚好够维持生存,而且即使大量地追加劳动,也不可能得到更多的产量。然后,在人口处于静止状态之后的某些时候,有人再次发现一种农业生产的"更好"方法,于是人们开始利用新技术,这种技术变化使得农民能够比从前少用些劳动而获得相同的产量,或者用和从前一样多的劳动获得更多的产量。因此,发明使得人口进一步增长成为可能,并且这时人口的增长总是按照"宏观动力学"的方式前进的。因此,人口再次开始膨胀。这种从不平衡到平衡的过程如图2-1所示:有一条直

---

① 这里是指V. G. 蔡尔德1937年发表的 *Man makes himself* 和C. M. 西波拉1962年发表的《世界人口经济史》。

的因果线,从一个自发发明到一次粮食状态的变化,到一次死亡率的下降,再到下一次人口增加,这个过程一直持续到新的粮食紧张为止。

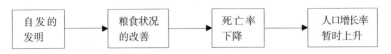

图2－1　发明拉力的马尔萨斯主义过程

发明拉力假说所准确叙述的是经济人口史,即与当时正在使用中的技术相比,一种发明出现之后,能用较少劳动生产同样产量这种情况下的经济人口史。总之,发明拉力假说论证了生产过程中的技术进步通过增加食物供给,降低死亡率,从而使人口数量再次膨胀的作用机制。

但是,技术进步有两种表现形式:一种发明用相同数量的土地和劳动提高生产率,能为每个人生产更多粮食,并因而增加潜在人口。另一种发明仅仅节省劳动,不增加产量,不能为更多人提供粮食,仅给予更多的闲暇时间。在生产资源(土地、资本)一定的条件下,增加闲暇时间的节省劳动的技术进步使供养的人口减少,不利于人口增加。这种结论与法国人口学家索维的分析不谋而合。

法国人口学家索维(1969)认为,技术进步可使最高人口和生活水平都有所提高,即如果每一个人生产得更多,加上必要的社会安排,就可以养活更多的人。

图2－2画出每人平均产量与人口数量的关系。MP 为最低生活水平,$0P$ 为最高人口。由于技术上的某一发展,会出现另一条曲线(2),它处处都位于曲线(1)的上方。点 M 移到了 M^*,而最高人口这时是 $0P^*$ 了。当曲线在点 M 处的斜度很小时,这种变动可使人口增加很多。

索维指出,任何一项技术上的变革或物质上的发现,都是通过

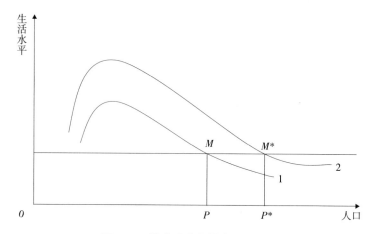

图 2 - 2　技术进步使最高人口增加

种种现象改变着人口的生活状况。这些现象可以分为两类：
（1）生产技艺；（2）消费方式。索维还认为，要是把技术进步只看
做生产上的一项改进（从数量上来衡量），而看不到它是扩大消费
的一个途径，那么技术进步也不会提高生活水平，和促进人口增
长。这就是所谓的"饿马"论或"贪婪的机器"论。"贪婪的机器"
和"饿马"，不仅减轻了人们的工作（这当然很好），而且减少了人
们的食物（这就是麻烦事）。

　　"饿马"论或"贪婪的机器"论认为，技术进步作为生产技艺的
提高，可以增加总产出，但是技术进步作为资本，是投资的结果，这
需要耗费总产出的一部分，余下的是技术进步的净总产出。从消
费的角度计算，如果技术进步之后的人均产出低于技术进步之前
的人均产出，那么技术进步降低了生活水平，供养的人口数下降。

　　之所以会出现"饿马"或"贪婪的机器"，是因为从人均产出的
角度衡量，技术进步后不是一条完全位于第一条曲线上方的新的
生产和消费曲线，而是两条相交的曲线，相交方式或如图 2 - 3 所
示，或如图 2 - 4 所示；即某些技术进步只有在人口数足够多时才

是合算的。

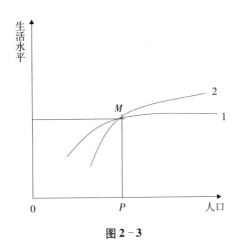

图 2－3

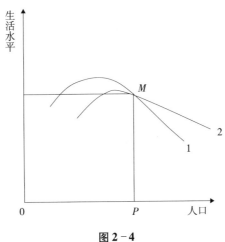

图 2－4

因此，索维的结论是，不是改进生产技艺的技术进步，而是提高消费水平的技术进步使最高人口有所增加，并且对某一具体人口来说，总是为它提供一种提高生活水平或增加人口数量的机会。

（三）技术进步与人口死亡率之间关系的简单检验

关于技术进步降低死亡率的功能,可以通过中国的全要素生产率与人口死亡率之间的关系来反映。具体见图 2-5。图 2-5 描述了中国 1952~2005 年间全要素生产率曲线和人口死亡率曲线。尽管影响人口死亡率的因素很多,但是图中曲线显示,全要素生产率与人口死亡率之间具有明显的反向变动趋势,即全要素生产率越高,人口死亡率越低。从 1952~1958 年,全要素生产率缓慢提高,死亡率快速下降。1958~1963 年,全要素生产率迅速下降,死亡率快速上升,当然这个阶段决定死亡率快速提高的另一个重要因素是自然灾害。1963 年以后,中国的全要素生产率在波动中上升,而人口死亡率稳步地缓慢下降。总之,技术进步与人口死亡率之间的反向变动趋势很明显。这充分说明,技术进步通过一定的途径降低了人口死亡率。

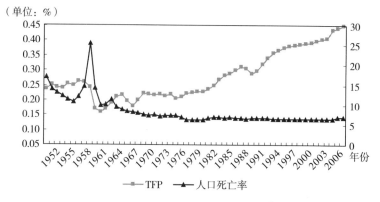

图 2-5　技术进步与人口死亡率

人口死亡率数据来源于:由国家信息中心数据中心与新华在线信息技术有限公司合作提供的《经济数据特供系统》,数据检索入口:http://data. xinhuaonline. com;2005 年以后的数据来源于《中宏数据库(教育版)》,检索入口:http://edul. macrochina. com. cn。全要素生产率数据是前面测算的结果。

在人口出生率一定的条件下,人口死亡率的下降提高了人口自然增长率。但是,在现实情况下,人口出生率是变动的。由于计划生育政策的限制,中国的人口出生率呈大幅度下降趋势,人口死亡率的下降不足以弥补出生率的下降,于是形成人口自然增长率的下降态势。但是,这并不能否认技术进步促进人口增长的基本结论。因为如果不是技术进步有效阻止了人口死亡率的下降,那么出生率下降和死亡率大幅度下降,将使人口自然增长率更大幅度下降。

四、技术进步作用条件下的劳动力总供给曲线

根据上面的分析,技术进步通过提高医药技术水平、改善卫生环境条件和提高生活水平,降低人口死亡率,在人口增长率缓慢增长甚至不变的条件下,总人口增加,从而劳动力的供给增加。因为,杨先明、徐亚非等(1999)运用中国的数据已经证明,①人口增长速度、人口规模和劳动力参与率是影响劳动力供给的三个重要因素。据此,我们描绘出了技术进步影响劳动力供给的技术路线图,见图 2-6。

图 2-6　技术进步影响劳动力供给的技术路线图

由此可见,宏观层面上,技术进步与劳动力供给是同向变动的关系,在其他影响劳动力供给的因素不变的条件下,随着技术水平的提高,社会劳动力供给就会增加,如图 2-7。由于技术水平提

---

①　杨先明、徐亚非等著:《劳动力市场运行研究》,商务印书馆 1999 年版,第 281 页。

高,劳动力绝对增长,在工资率不变的情况下,劳动力供给也会增加,因此,它表现为劳动力供给曲线在原有曲线 S 的基础上向右移动到 S_1,见图 2-8。在工资为 W 时,劳动力总供给由 Q 增加到 Q_1,那么 QQ_1 的新增劳动力供给就是由于技术进步作用的结果。因而曲线 S_1 就是技术进步作用下的劳动力总供给曲线。这与微观层面的技术进步增加劳动力供给的作用机制不同。在真实经济周期理论中,普雷斯科特和基德兰德构造了劳动跨期替代模型,他们认为技术进步提高劳动生产率进而提高工资率,所以劳动力供给增加。如果将宏观和微观结合起来,我们发现技术进步无论提高工资率还是没有提高工资率,在其他条件不变的条件下,都会引起劳动力供给增加。

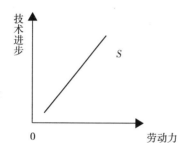

图 2-7　技术进步与劳动力
　　　　　供给变动

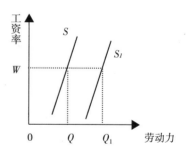

图 2-8　技术进步推动劳动力
　　　　　供给曲线右移

第三节　小　　结

技术进步对就业的影响可以从不同的角度进行分析,本书的视角是宏观层面的技术进步对就业量的影响。而就业是劳动力获得有报酬工作的一种状态,就业水平是劳动力市场上劳动力供求平衡的结果,就业水平(量)的变动决定于劳动力市场上的供求力量的变化。所以,要分析技术进步对就业量的作用,必须从劳动力市场的供求分析开始,分别考察技术进步对劳动力供给的影响和对劳动力需求的影响。

本部分重点论述了技术进步对劳动力供给量的影响。技术进步通过提高医药技术、环境卫生水平和生活水平,降低人口死亡率,在人口出生率不变的条件下,提高人口自然增长率,增加人口总量。在劳动参与率一定的条件下,总人口的增加必然导致劳动力供给的增加。总之,从宏观总量上来看,技术进步增加了劳动力供给。因而技术进步对就业的影响表现为,在工资率既定的条件下,技术进步推动劳动力总供给曲线向右移动。技术进步除了作用于劳动力供给量,还可以改变劳动力的供给质量,但是文中放弃了这方面的论述。①

技术进步既作用于劳动力供给,又作用于劳动力需求。既然技术进步对劳动力供给的影响具有确定性的增加效应,而对劳动力需求的影响具有不确定性,所以,技术进步对就业水平的影响取决于其对劳动力需求的影响。因此,下文在固定劳动力供给的条件下,从技术进步——劳动力需求角度构造技术进步的就业效应理论。

---

① 因为本文的核心是讨论技术进步对就业量的影响,放弃了对就业结构的分析,并据此建立技术进步的就业效应理论分析重大宏观经济现象和经济周期。本部分的中心是探讨技术进步对劳动力供给量的影响,故放弃了其对劳动力供给质量的影响,这样会使全文的中心更突出、思路更加清晰。

第三章　技术进步的就业损失效应

在完成技术进步对劳动力总供给影响的分析之后,下一步就要分析技术进步对劳动力总需求的影响。技术进步除了作用于劳动力供给外,还作用于劳动力需求。查德·B. 弗里曼（Richard B. Freeman, 1987）在《劳动经济学》一书中曾列举了影响劳动力需求长期变动趋势的四个因素:生产结构（产品的构成）、劳动生产率（增长了的生产率）、技术进步（生产方法的变化）、投资率（资本和其他资源的变化）。尽管如此,但是技术进步对劳动力需求量的影响并不像对劳动力供给量的影响那么明确,而是存在着不确定的情况。在劳动力市场上,技术进步作为影响劳动力需求的重要因素,一方面它扩大生产规模、增加投资和扩大经济范围创造出更多的就业岗位,从而增加劳动力需求;另一方面,它提高劳动生产率和增强资本对劳动的替代,缩减就业岗位,从而减少劳动力需求。我们将技术进步减少劳动力需求的效应称为技术进步的就业损失效应,将技术进步增加劳动力需求的效应称为技术进步的就业创造效应。

第一节　第一类就业损失效应

技术进步的就业损失效应表现为两个方面:首先,技术进步提高劳动生产率,在一定的生产规模下减少了就业岗位、降低了劳动需求,这是第一类就业损失效应;其次,技术进步同时提高资本生产率和劳动生产率,形成不同偏向的技术进步,导致生产要素的替代,可是节约劳动型的技术进步趋势明显,因此,要素替代的结果是劳动需求下降,这是第二类就业损失效应。

一、事实验证

产出是多种生产要素共同作用的结果,为了更简便地考察技术进步对就业的影响,首先假定产出是劳动和技术进步的结果。技术进步通过生产手段、生产对象、生产者自身以及生产方法的改进,物化到劳动要素中,演变成有效劳动,从而提高劳动生产率。劳动生产率的提高必然降低单位产出的劳动需要量,最终引起就业的下降。

技术进步对就业的影响首先是通过对劳动手段的影响实现的。劳动手段从手工(体力)劳动到半机械化、机械化、自动化、智能化,无一不是技术进步对劳动手段革新的结果。劳动手段的革新不仅降低了劳动强度,将劳动者从繁重的体力劳动中解放出来,而且先进的劳动工具和设备也在越来越大的程度上替代了一部分劳动力,使生产中减少劳动力数量,降低劳动力使用总成本,从而提高劳动生产率成为可能。厂商可以根据劳动的边际生产率决定对劳动力的实际需求。显而易见,技术进步对劳动手段革新的直接效应是减少了对劳动的需求,即减少就业人数或减少劳动时间。当然,不同的行业和不同产品生产的技术需求是不同的,生产要素组织也不同,从而对劳动力需求减少的程度也有所不同。资本有机构成的提高,一个产业从劳动密集型、资本密集型到技术密集型的发展历程,都反映了技术进步对劳动力需求的变化。

从技术进步提高劳动生产率的角度而言,技术进步的就业效应表现为"冲击效应"。从工业革命以来,技术进步对就业的冲击就一直存在,而且经常发生。

现代经济增长进程如果以产业革命为标志,已经经历和正在

经历六次大的变革。每一次工业革命都是科技进步取得实质性突破的结果,也是科技进步不同功能的结果。如果说工业革命的主要内容及主要结果体现了技术进步的不同功能,那么工业革命的内容大致上可以分为劳动手段的创新、产品产业的创新两大类(蒋选,2004)。

劳动手段的创新主要是第一次工业革命、第三次工业革命和第五次工业革命的成果,它们分别代表着劳动手段的机械化、自动化、信息化进程(蒋选,2004)。在这个进程中,技术进步体现在劳动手段上的功能就是从对人的体力器官——肢体的延伸和替代(机械化、自动化),到对人的智力器官——脑、眼、耳的延伸乃至部分替代(自动化、信息化)。毫无疑问,这种对劳动手段的革新以前人难以想象的情形不断地提高劳动生产率,不断地改善劳动条件,同时也为在一定的生产服务单位和领域内减少对劳动力的使用量创造了技术条件,以致形成对特定产业、行业、工序上劳动力需求的大规模减少。在信息技术和网络技术迅猛发展的现代社会,对技术进步与劳动就业之前的这种排斥关系人们更加担心。美国学者杰里米·里夫金(Rifkin)以其书名为《工作的终结——后市场时代的来临》的著作,清楚地表明市场经济发展到今天,对劳动需求的减少已经呈现不可逆转之势。在该书的导言中,他指出:"信息时代到来了。在未来的岁月里新的更复杂的软件技术将使世界文明更加接近于几乎无工人的世界。在农业、制造业和服务业中,机器在迅速取代人的劳动,到21世纪中叶世界经济将接近完全自动化生产。"[1]他告诫人们,科学技术的高速发展不仅导致对体力劳动者的需求大量减少,而且由于适应着生产的自动化、信息化的需要进行的企业管理方式的改革和重组,也大量减少

---

① [美]杰里米·里夫金:《工作的终结——后市场时代的来临》,王寅通等译,上海译文出版社1998年版,第1页。

了对中层管理人员的需求；不仅导致制造业对劳动力需求的锐减，而且"经济学家和当选官员"的"服务部门和白领岗位仍然能够吸收成百寻找工作的失业者"的希望也正在破灭。2002年5月，英国政府主管互联网的官员称，未来10年间，英国400万名公务员队伍中，至少有1/5，即80万名公务员将因他们的工作被互联网取代而可能失业。因为英国政府目前已将各项政府服务搬到网上，市民已经可以在网上交税、申请福利金等，政府部门原本雇佣了80万名工作人员来完成这些工作。这似乎验证了里夫金的警告。约翰·奈斯比特在《大趋势——改变我们生活的十个新趋向》中指出，由于20世纪中叶的科技革命，美国社会正由工业社会转向信息经济社会，在此转变中出现了一个重大的趋势就是，技术进步一方面提高了生产效率，另一方面产生了"未来的冲击"和"工作的终结"。他的这一结论与里夫金的观点不谋而合。

技术进步通过促进企业生产管理方式的转变，提高管理效率和生产效率，节约劳动力。汽车工业是最大的制造业，在技术进步的作用下，它历经了三种生产方式，从早期的单一生产转变为大量生产，再到现在的精益生产方式。沃麦克、琼斯和鲁斯（2000）在《改变世界的机器》一书中揭示了汽车工业生产方式的演进的历程，及其对就业的影响。他们指出，大量生产方式替代单一生产方式增加就业的同时，也带来了大量的失业；但是当精益生产方式代替大量生产方式时，由于生产效率提高，不仅加剧了普通工人的失业，而且使中层管理者也失去工作。1914～1924年间，大量生产方式摧毁了以单件生产方式为基础的美国汽车工业。在这期间，美国汽车公司的数目从一百多家降到十几家，而且其中的三大公司——福特、通用和克莱斯勒占了全部销售额的90%。单件生产工厂的破产，使技术精湛的工人失业，但同时他们成为大量生产工厂的高级技工人员，不仅如此，大批量生产使总装线上产生了许多不需要专门技术的新工种,吸引了大量的工人。大量生产方式取代单件生产方式可以产生很多的就业机会,20世纪50年代欧洲汽车工业的成功已经证实了这点。①

由于精益生产方式的效率高于大量生产方式,当精益生产方式取代大量生产方式,而每年生产的汽车数量不变时,会失去许多就业机会,那些被裁减的工人没有技术(由大量生产方式的特征决定的),将难以找到新的工作。在激烈的市场竞争中,市场份额的增长很困难。因而,会有一部分过剩的劳动力。如果欧洲的大量生产厂商要向精益生产方式转变,在市场份额不变的条件下,它们所需要的劳动力不到原来的1/2。中国的汽车工业从就业人数(超过160万人)来看是世界上最大的汽车工业,然而从产量来看(1990年计划产量为60万辆)却是世界上最小的之一。如此相反,日本1989年拥有50万汽车工业从业人员,产量却达到1300万辆。日本汽车工业劳动生产率大约是中国的70倍。

在工业化进程中,由于技术进步对劳动工具的革新、生产方式的改变、生产工艺的改进和劳动者知识的积累,提高劳动生产率而减少对劳动力需求的现象比较普遍,所以将技术进步与劳动就业对立起来也成为经济理论中常见的观点。这类观点完全可以从生产理论和函数模型中推导出来。

二、理论推导

在经济结构既定的条件下,劳动力需求决定于劳动生产率和生产规模。劳动生产率不变,劳动力需求与生产规模成正向变动关系;生产规模不变,劳动力需求与劳动生产率成反向变动关系;劳动生产率与生产规模同时变动时,劳动力需求取决于二者作用

---

① [美]詹姆斯·P.沃麦克、[英]丹尼尔·T.琼斯和[美]丹尼尔·鲁斯:《改变世界的机器》,沈希瑾、李京生等译,商务印书馆2000年版,第205页。

力的大小。

（一）技术水平一定的条件下，劳动力的需求决定于生产规模的大小

将产出看做经济中生产出来的产品所提供的潜在服务的集合，那么在给定资本和劳动的条件下，技术进步就是引起经济增长的主要因素。把技术水平看做一个变量，生产函数告诉我们在任意一个时间点上，从资本和劳动中得到的产出。将技术水平记做A，生产函数可写成：

$$Y = F(K,N,A) \qquad (3.1)$$

生产函数表明，产出依赖于资本（K）、劳动（N）和技术水平（A）：给定资本和劳动的量，技术水平的提高可以带来产出的增长；给定技术水平，劳动和资本量的变化可以引起产出的变动。

假定技术进步是劳动密集型的，生产函数可以变成：

$$Y = F(K,AN) \qquad (3.2)$$

劳动密集型的技术进步表明，给定资本存量，技术进步使得获得等量的产出所需的工人人数减少，或者技术进步使经济中有效劳动的量AN得到提高。

为了讨论技术进步对就业的影响，将资本全部忽略掉，并且假定产出由以下生产函数决定：

$$Y = AN \qquad (3.3)$$

产出仅仅使用劳动N，每个工人生产A单位的产出。A的大小反映技术进步的快慢。改写上式得：

$$N = \frac{Y}{A} \qquad (3.4)$$

就业等于产出除以生产率（或技术水平）。给定生产率，产出量越大，就业量越大；产出量越低，就业水平越低。这说明，当技术水平不变时，劳动需求量决定于生产规模。生产规模扩大就业增加，相反，随着生产规模的收缩，劳动需求下降。而生产规模又由

产品市场上的需求决定。

（二）在生产规模一定的条件下，劳动力需求量决定于技术进步

技术进步提高劳动生产率，在生产规模不变时，绝对地减少劳动需求量。根据公式：

$$N = \frac{Y}{A} \qquad (3.5)$$

式子中，就业水平与技术水平呈反向变动关系。给定产出水平，生产率水平越高，就业水平就越低；生产率水平越低，就业水平就越高。

一般来说，生产领域里的技术进步总是以机器代替人的劳动为特征的。由于这一特征，在生产规模不变时，生产领域里所需要的劳动力人数就会随着技术进步而减少，使劳动力从发生技术进步的部门中游离出来，形成失业。如果技术进步使产品成本下降，并使产品需求量扩大，则其生产规模也可能同时扩大，这时游离出来的劳动力将被扩大的生产规模重新吸收（或部分吸收）。但是，如果生产规模没有扩大或者生产规模扩大的幅度不大，技术水平的提高将对劳动力需求产生什么影响呢？

（三）在技术水平提高并且生产规模变动时，技术进步对就业的影响取决于产出的提高是否大到足以避免就业的下降

将商品市场和劳动市场结合起来分析，我们发现，尽管生产规模发生变动，但技术进步的结果仍然是减少劳动需求，增加失业。

从宏观经济中常见的标准总供给与总需求模型出发进行分析，总需求函数为：

$$Y = Y(\frac{\overline{M}}{p}, \overline{G}, T) \qquad (3.6)$$

式子中 p 为价格水平，Y 为总产出（以 GDP 计算），$\overline{G}$ 为政府支出，$\overline{M}$ 为名义货币供给，T 为税收，设 $\overline{G}$、T 和 $\overline{M}$ 都为外生不变

变量;其中 $\overline{M}$ 可由货币需求与货币供给函数得出。

总供给函数为①:

$$p = p^e(1 + \mu)F\left(1 - \frac{Y}{L}, Z\right) \qquad (3.7)$$

式子中 p^e 是预期价格水平,μ 是成本加成,Y 是产出,L 是就业人数,Z 是影响失业的综合因素,$1 - \dfrac{Y}{L}$ 表示失业率。

设产出是资本与劳动的函数,若已知资本存量 $\overline{K}$,则生产函数为:

$$Y = H(\overline{K}, L) \qquad (3.8)$$

如果厂商追求利润最大化,则其雇佣的劳动数应该满足:

$$\frac{dY}{dL} = \frac{w}{P} \qquad (3.9)$$

首先考虑凯恩斯主义理论的情形。劳动总供给曲线不变,技术进步发生时,将会出现三种可能的情形:

(1)技术进步提高劳动生产率,单位劳动投入获得更大产出,生产函数发生移动;

(2)工资给定,在任一价格水平上,厂商愿意供给更多产品,总供给曲线右移;

(3)对一定的 L(就业人数),劳动力边际产量增加,劳动力需求曲线移动。

可以发现,价格和工资不变的情况下,总供给大于总需求。后者则决定厂商不能出售其全部产品,劳动力投入的有效需求相对下降,而由于劳动力供给不变,因而出现失业现象。若存在过度需求,则工资或价格都将发生变化。如果工资率 w 不变,价格是弹性的。理论上产出(供给)增加会迫使价格下降,此时的就业水平

---

① ［美］奥利维尔·布兰查德:《宏观经济学(第 2 版　国际版)》,钟笑寒、王志朋等译,清华大学出版社 2003 年版,第 155 页。

比刚性工资和刚性价格时要高。但劳动力价格(实际工资)相对上升,劳动力供给仍然大于需求,经济中仍然存在失业。过剩的劳动力供给导致货币工资下降,即 Y 增加,P 下降,这样可以得到 L 增加,失业减少。技术进步过程中,如果经济中的就业存在调整过程,则至少会存在摩擦性失业。

理性预期学派的观点与此有些相同。劳动总供给曲线不再保持不变,劳动力供给与工资率及期望价格(P^e)有关,且满足:

$$L^s = L^s(w, P^e) \tag{3.10}$$

预期价格 P^e 给定时,可以把 Y 作为 P 与 P^e 的函数,得到总供给曲线。在完全均衡时,总供给与总需求相等,则 $P = P^e$,可以通过改变 w 使得劳动供给 L^s 与劳动需求 L^d 相等。在该体系下,对任意一个 P 与 P^e,劳动力市场的货币工资将升高,就业及总供给也将增加,技术进步将使得在一定实际工资水平下的劳动力需求增加,经济中失业率保持在自然失业率水平。总之,在理性预期学派的理论体系中,价格等于预期价格,劳动力市场始终保持出清状态,技术进步不会导致非自愿失业。唯一的例外是在 P^e 向 P 调整的过程中,可能会存在短暂的摩擦失业,但长期则不存在失业问题。

第二节　第二类就业损失效应

一、技术进步引起生产要素替代从而减少劳动力需求

在生产函数中加入资本变量,那么技术进步不仅可以提高劳动生产率,还可以提高资本生产率。这一部分分析技术进步同时提高劳动和资本的效率,从而形成不同的要素节约偏向,使要素之间相互替代。但是从技术进步的历史演变来看,劳动密集型的产业处于劣势,资本密集型、技术密集型和知识密集型产业代表发展的方向。因此,在劳动密集型产业被替代过程中,劳动力的需求逐

渐下降。

更全面地看,科技进步的一个直接后果就是改变或保持了特定生产过程中的生产要素组合,即资本和劳动的组合,从而增加、减少或保持了劳动力使用的数量和比例,形成不同的技术创新类型。英国经济学家希克斯(Hicks)1932年在《工资理论》中将此称之为"创新的要素偏向"(factor bias),并根据技术创新对生产要素组合的影响分为中性创新、节省资本型创新和节省劳动型创新。

中性创新是指以同样的比例增加了资本和劳动的边际产量,即技术创新后资本和劳动的组合比例保持不变。节省资本型创新是指技术创新后劳动的边际产量相对地增加了,即资本—劳动之比减少了。节省劳动型创新是指技术创新后资本的边际产量相对地增加了,即资本—劳动之比提高了。

但是,技术创新改变生产要素组合的一个前提性因素,就是在特定生产过程中技术对劳动力的可替代性。这种可替代性取决于技术本身和经济因素。

从技术角度讲,当某种技术在保证产品质量的前提下可以作为劳动力生理能力的延伸,而减少乃至替代劳动使用量时,技术对劳动力的替代才是可能的。从纯技术角度看,技术对劳动力的替代可以分为不可替代、可以完全替代和可以部分替代三类。

不可替代是因为在一定技术水平下,或者说在技术没有发生质的创新情况下,一定的技术装备与一定量的劳动力必须按照一个相对固定的比例组合,否则就会造成技术装备或劳动力的闲置。例如,单台机器与操作工人、单台汽车与司机、民航飞机与机组人员等。

可以完全替代是因为一些重复性的、非智能机械性的,或是人工不可能进行和很难进行的工作,用相应的机器设备就可以进行同样劳动的"劳动",以至于可以基本实现无人化工作。对于重复性的、非智能机械性的工作反过来也一样,不用机器设备完全靠人的劳动也可以进行工作,例如,大型装卸机械、自动化生产流水线、智能化探测设备、无人驾驶飞机等。

可以部分替代是介于不可替代和完全可以替代之间的情况,也是大多数的情况。即在一定限度内技术(机器设备)与劳动力可以相互替代。至于是否替代、如何替代、替代多少,那就不是单纯的技术问题了,而要看相关的经济因素和其他社会因素(如政府政策、社会观念等)。

从经济角度讲,当技术替代劳动力的边际生产率等于和大于劳动力边际生产率,或其边际成本等于和小于劳动力边际成本时,这种替代才是经济合理的。例如,使用机器人去干精确但重复的、或者危险的、或者人无法干的工作和公交汽车实行无人售票,就属于两种不同的技术替代劳动力的情况。

另外,非营利机构、政府的就业政策、工资集体谈判机制等社会因素也会制约技术对劳动的替代,这一点在西方经济发达的国家表现得尤为突出。

不同的产品生产技术特点、不同的资源禀赋条件、不同的生产要素相对价格,技术对劳动力的可替代性是不同的。由此推论,不同的产业、行业,技术对劳动力的可替代性是有差异的。因此,在一定的技术条件下,不同产业生产要素的组成部分,可以形成劳动密集型产业、资本密集型产业、资源密集型产业、技术密集型产业等。尽管以生产要素组织特征所划分的产业是可以变化的,但其变化或转化首先取决于技术对劳动力的可替代性。从技术进步的演进史中可见,劳动节约型的技术进步越来越普遍,所以,技术进步偏向发展的结果是减少了就业。

二、技术进步减少劳动需求的理论推导

在生产函数中加入资本变量,那么技术进步的作用就表现为要素节约的偏向。不同要素节约偏向使得技术进步引起生产要素

的替代,进而引起劳动需求的变化。

约翰·道格拉斯(Douglas Jones,1983)用该模型分析技术性失业问题。[①] 该模型是一个长期模型,但其基本内容是哈罗德(Harrod)模型、需求不足和凯恩斯乘数。由于该模型的基础是三个增长率趋势:自然增长率、保证增长率和实际增长率,所以这里暂且称之为增长率模型。

自然增长率是经济维持充分就业的增长率,它依赖于劳动力增长率(外生给定)、技术进步替代的劳动比率(严格说来是由于技术进步和其他因素所导致的生产率增长)和增加单位产出所需要的劳动数量(用边际劳动产出计算)。数学表示如下:

$$g_n = \frac{l}{L} \tag{3.11}$$

式子中 g_n 为自然增长率, l 为生产单位产出的劳动供给, L 是边际劳动产出率。计算时 L 是按照部门规模和增长率计算的边际劳动产出率的加权和,需求的结构性变动可反映到 L 上。

保证增长率是所有储蓄得到利用且生产能力得到充分利用的生产能力的增长率。净投资通过乘数产生收入效应,通过加速数产生能力效应。设 S 为单位产出的实际储蓄, C 为实际加速数。同理, C 是各部门边际资本产出率的加权和。只有当 S 和 C 取代定值时保证增长率才有实际意义。数学表示如下:

$$g_w = \frac{S_w}{C_w} \tag{3.12}$$

式子中, g_w 是保证增长率, S_w 是对于给定 C 时为达到均衡增长率 g_w 的 S 的值, C_w 是给定 S 时为达到均衡增长率 g_w 的 C 的值。由此可见,由于 S 和 C 值的波动(如经济周期原因等), g_w 的值是

---

① Douglas Jones: "Technological Change, Demand and Employment. In Derek L", Bosworth(eds) . *The Employment Consequence of Technological Change*. The Macmilland Press Ltd, 1983, p.243.

不固定的, g_w 很可能不等于实际增长率 g_a。后者可用数学表示为:

$$g_a = \frac{S}{C} \qquad (3.13)$$

如果要考虑到政府和对外贸易的作用,则需要考虑更为复杂的乘数 $\frac{1}{\sigma}$, σ 可由下式得出:

$$\sigma = s(1 - t) + (t - g) + (m - e) \qquad (3.14)$$

其中 s 表示可支配收入的平均储蓄倾向, t 表示平均收入倾向, g 表示政府支出的平均倾向, m 和 e 分别代表进口和出口的平均倾向。此外,除技术进步外,还有其他一些变量会影响到 C ,进而通过其对实际需求增长的影响而影响实际增长率。这些因素包括跟随成本变化后最终价格变化 Δp ,需求的价格弹性 e_p ,商品非价格竞争力的变化 Δq 。考虑这些因素后,实际增长率可表示为:

$$g_a = \frac{\sigma}{c} = f(\Delta p, e_p, \Delta q) \qquad (3.15)$$

要研究技术进步对就业的影响实际上是讨论技术进步对上述三种增长率的影响。为此,我们首先应该知道技术进步要素节约的类型。劳动节约型的技术进步意味着对于给定的生产能力生产出给定产出时需要更少的劳动。劳动节约型技术进步是劳动替代还是劳动雇佣依赖于需求对劳动的补偿情况。如果分别用 $\frac{N_t}{Y}$ 和 $\frac{N_{t+1}}{Y}$ 表示技术进步前后生产特定产出 $\overline{Y}$ 的劳动投入,一般说来节约劳动型的技术进步满足下式:

$$\frac{N_t - N_{t+1}}{\overline{Y}} > 0 \qquad (3.16)$$

在劳动节约型技术进步中,由于 l 上升而 L 下降,因而自然增长率 g_n 增加。如果需求和产出的补偿性增长不充分,则失业会上升。如果被雇佣的劳动力增加的收入少于失业劳动力减少的收入,则负的乘数效应将进一步降低 g_a ,从而加大 g_n 与 g_a 之间的差距。

资本节约型技术进步意味着生产给定产出需要较少资本。如果用 $\dfrac{K_t}{Y}$ 和 $\dfrac{K_{t+1}}{Y}$ 分别代表技术进步前后生产特定产出 $\overline{Y}$ 的资本投入,一般说来节约资本型的技术进步满足下式:

$$\frac{K_t - K_{t+1}}{\overline{Y}} > 0 \qquad (3.17)$$

资本节约型技术进步降低 C 而使得 g_w 增加;储蓄过剩而需求不活跃,实际增长率 g_a 下降。

技术进步也有可能同时是劳动节约和资本节约的,或者是多使用一种要素而少使用另一种要素。技术进步总的效果是劳动节约还是资本节约,则依赖于其创新的总供给和创新扩散方式。创新总供给可分为自主性供给 ss_A 和引致性供给 ss_t ,创新扩散主要是针对企业而言,假设已经采用创新和预期采用创新的企业数目分别为 π_f 和 π_e ,则创新扩散方式 D 是二者的函数,即

$$D = f(\pi_f - \pi_e) \qquad (3.18)$$

至此,增长率可改写为下式:

$$g_n = f\left(\frac{N_t - N_{t+1}}{\overline{Y}}\right) \quad 其中 \frac{N_t - N_{t+1}}{\overline{Y}} = f(ss_A, ss_t, D) \quad (3.19)$$

$$g_w = f\left(\frac{K_t - K_{t+1}}{\overline{Y}}\right) \quad 其中 \frac{K_t - K_{t+1}}{\overline{Y}} = f(ss_A, ss_t, D) \quad (3.20)$$

技术进步对就业量变化的影响主要反映在自然增长率和实际增长率的差距。通过上述式子可将技术进步的要素节约偏向、创新扩散方式与产出变化结合起来,其内在的经济机理则是技术进步通过引起价格、成本变化而导致收入、需求发生变化,对就业产生取代或补偿效应,最终引起就业的变化。

第三节 第一类与第二类就业损失效应

第一类就业损失效应是在资本投入量不变的条件下,技术进步提高劳动生产率节约劳动的结果;第二类就业损失效应是在资本投入量增加的条件下,资本替代劳动节约劳动的结果。由此可见,两种就业损失效应产生的前提条件不同,技术进步的作用基点不同。但是,它们具有相同的最终结果和效应。第二类损失效应是资本替代劳动所致,随着资本对劳动的替代,单位产出使用的资本增加、劳动减少,因而劳动生产率得以提高。第一类损失效应是劳动生产率提高降低了劳动需求,第二类损失效应是资本替代劳动提高了劳动生产率。它们的最终表现形式都是技术进步提高了劳动生产率和减少劳动需求。所以,在测算技术进步的就业损失效应时就不用分别计算第一类损失效应和第二损失效应,只需要计算出劳动生产率提高所节约的劳动就可以。

尽管两类就业损失效应的产生前提不同、形成机制有区别,但是它们最终都可以用劳动生产率的提高减少的劳动量来统一度量。这种就业损失效应反映在劳动力市场上,就表现为技术进步对劳动需求曲线的影响上。技术进步的就业损失效应减少了劳动需求,那么在其他因素不变的条件下,技术进步与就业岗位或者劳动力需求之间是反向变动关系(如图 3-1),随着技术水平提高劳动力需求逐渐下降。技术进步的就业损失效应所形成的劳动力需求曲线与劳动力需求曲线是一致的,都是左上向右下倾斜。因此,将技术进步的就业损失效应的作用叠加到其他影响劳动力需求的因素之上,就业形成劳动力市场的需求曲线变动(见图 3-2)。图 3-2 显示,在初始条件下,劳动力需求曲线是 D,工资率是 W。由于技术进步的就业损失效应,在工资不变的条件下,劳动力需求减少,所以劳动力需求曲线 D 向左移动到 D_1,劳动需求量减少 Q_1Q。

Q_1Q 就是技术进步的就业损失效应所产生的就业减少量。

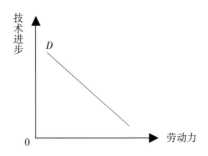

图 3-1　技术进步的就业损失效应

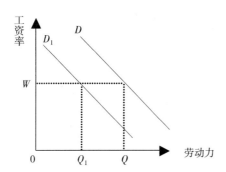

图 3-2　劳动力市场上的就业损失效应

第四节　小　　结

在劳动力市场上,技术进步还可以作用于劳动力需求。但是,技术进步对劳动力需求的影响具有不确定性,一方面,它创造就业岗位,增加劳动力需求,这是技术进步的就业创造效应;另一方面,技术进步减少就业岗位,缩减劳动力需求,这是技术进步的就业损失效应。

　　技术进步的就业损失效应表现为两个方面:首先,技术进步提高劳动生产率,在一定的生产规模下减少了就业岗位、降低了劳动需求,这是第一类就业损失效应;其次,技术进步同时提高资本生产率和劳动生产率,形成不同偏向的技术进步,导致生产要素的替代,结果是节约劳动型的技术进步趋势明显,因此,要素替代的结果是劳动需求下降,这是第二类就业损失效应。

　　两类就业损失效应在形成机制上存在差别,但是它们的最终结果表现为劳动生产率提高和劳动力需求减少,因此,可以用劳动生产率的提高来测算两类就业损失效应所减少的就业量。由于就业损失效应是技术进步减少劳动力需求,所以在劳动力市场上,技术进步的就业损失效应表现为推动劳动力需求曲线向左移动。

第四章　技术进步的就业创造效应

技术进步不仅对就业产生损失效应,而且对就业还会产生创造效应。技术进步的就业创造效应是指,技术进步通过有关途径创造就业机会,增加就业岗位,从而增加劳动力需求的一种机制和效果。技术进步的就业创造效应是通过技术进步扩大生产规模和扩大经济范围的渠道实现的。由扩大生产规模形成的创造效应,称为技术进步的第一类就业创造效应;由扩大经济范围形成的创造效应,称为技术进步的第二类就业创造效应。

第一节　第一类就业创造效应

在一定的技术水平下,资本—劳动比不变,生产规模的扩大意味着投入的增加。资本—劳动比不变,资本的扩张必然按比例扩大对劳动的需求。资本的扩张来自投资的追加,而投资是上年产出的一部分。产出是要素投入和技术进步共同贡献的结果。从这个意义上来说,技术进步通过提高生产率增加产出,扩大投资,扩大生产规模,创造了就业机会,这就是技术进步的第一类就业创造效应。第一类就业创造效应的作用机制如图4-1。

第一类就业创造效应可以借助于有关函数和统计数据进行测算。图4-1的思想显示,根据生产函数测算出总产出中的技术进步的贡献量,然后按照一定的投资比例确定新增产出中用于投资的数量,再按照当年的资本—劳动比,就可以计算出与新增资本量

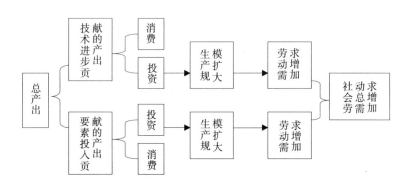

图4-1 技术进步的第一类就业创造效应的作用机制

相对应的劳动力需求量。同样的方法可以计算出生产要素投入扩大生产规模增加的劳动力需求量。它们二者扩大生产规模创造的就业岗位成为就业机会的主要来源。

但是,在已有的被称之为技术进步的"就业补偿效应"中强调消费需求的作用,即技术进步增加产出,进而增加消费需求,消费需求的扩大引致产出的增加,产出的增加诱发劳动需求的增加。该补偿机制没有论及投资在扩大生产规模中的作用,但是这是无法回避的问题。因为消费需求的增加引起供给的扩大,供给的扩大还是依靠生产规模的扩大或生产效率的提高实现的,生产规模的扩大表现为要素投入的增加,所以,消费需求的影响最终还是借助于投资扩大生产规模的机制实现。这里直接从投资增加的角度论述技术进步增加就业的机制更加鲜明和直接,并且可以避免重复计算。

第二节 第二类就业创造效应

技术进步的第二类就业创造效应是指,技术进步扩大经济范围,提供更广阔的劳动力需求空间,从而增加就业的机制。技术进步对经济范围的影响实际上是技术进步"创造性破坏"力量的体现。技术进步的"创造性破坏"力量,一方面促使新兴产业、部门兴起和新产品的出现;另一方面使传统产业、部门趋于衰退,但衰而不亡,从而使整个人类社会的产业类别增加,部门门类扩充,经济范围扩大。新兴产业和部门不但吸收了新增劳动力,而且吸引了来自传统产业、部门的劳动力,因此,经济范围的扩大创造了新的就业机会。

　　经济范围的大小不是由生产规模来衡量的,而是借助于产业、部门和行业的多少来反映。产业、部门和行业越少,经济范围越小;相反,经济范围越大。具体而言,经济范围的大小可以由产业结构的深度和宽度来度量。产业结构的深度由产业层次来表示,产业层次越多就越深;产业结构的宽度由产业层次中的部门和子部门来表示,同一产业层次中部门和子部门越多,产业结构就越宽。产业结构具有层次性,第一层次是一、二、三次产业结构;第二层次是各产业的内部结构,即第一次产业的农、林、牧、渔业结构;第二次产业的工业、建筑业结构;第三次产业的流通结构、生产生活服务结构、提高劳动者素质结构、管理结构,等等;第三层次是产业部门结构,如种植业结构,林业结构,畜牧业结构,工业中的轻、重工业结构,流通中的商业与运输业结构,等等。由此可见,经济范围的大小与产业结构的深度和宽度成正向变动关系,产业结构向深度和宽度发展,经济范围就逐步走向扩大。从历史发展来考察,技术进步是决定产业结构深度和宽度的根本性因素,因而也是决定经济范围的根本性因素。

一、技术进步是决定产业结构的根本性因素

　　产业结构的变化是多因素综合作用的结果,它们主要包括自然资源、地理环境、经济发展水平、投资结构、劳动力流向、技术进步和国际市场需求等。在影响产业结构的众多因素中,技术进步是最活跃的因素,在其他因素基本不变的情况下,往往起着主导和

决定性的作用(张寿,1988)。技术进步对产业的形成、发展和产业结构的影响是长期的、渐进的①和持久的,以及不受政府和社会意识支配的力量(李京文、郑友敬,1988)。在技术进步持久地、潜在地作用下,技术进步与产业结构变化之间形成了很强的对应关系,闫应福、贾益东等(2003)在回顾人类历史上的技术进步与产业结构演进过程指出:历次产业结构和产品结构的变革总是以技术结构变革为先导,而历次技术结构变革又都是以相应的产业结构和产品结构的形成来实现。张蕴岭(1991)考察了西欧技术进步与产业结构之间的关系,认为技术进步主要通过促进新兴产业的形成和改造传统产业,从而引起产业结构的扩张。

技术进步改变产业结构,是通过为新产业、部门的形成和传统产业、部门的衰退、改造提供技术支撑来实现的。从技术进步的方向来看,技术进步可以被划分为纵向移动、横向分离和全方位移动三种状态,②陈东强(1997)将它们分类为非全质性科技创新和全质性科技创新。它们对各产业、部门在国民经济中的产值比,以及传统产业的衰退、消亡和新产业的产生、扩张的作用完全不同。

(一)纵向移动的技术进步对产业结构的影响

所谓纵向移动的技术进步,是指技术水平的提高,包括以原技术为基础的技术水平的提高。例如,第一次技术革命中纺织业工作机从"珍妮机"到水力纺纱机再到蒸汽纺纱机,就是纵向技术进步。这种技术进步表现为原有技术水平的提高,所以使原有产业在技术进步的条件下扩大生产规模,增加供给,提高在整个国民经济中的比重。如果原来产业是衰退产业,纵向技术移动使其得到更新改造,改进产品质量、提高技术水平或是改进型的产品,生产

---

① 有时是跳跃性的和爆发性的。

② 蒋选:《我国中长期失业问题研究——以产业结构变动为主线》,中国人民大学出版社 2004 年版,第 71 页。

规模扩大使衰退产业起死回生,甚至在整个产业中的比重迅速提高。如果原来产业是新兴产业或部门,纵向技术进步通过生产效率的提高能够使该产业、部门的产品供给迅速扩大,从而提高它在整个经济中的产值份额,同时使使用传统生产方式的产业、部门的产值相对降低。由此可见,纵向技术进步通过改变产业、部门的供给能力和生产规模实现产业结构的稳定或者扩张。

(二)横向分离的技术进步对产业结构的影响

所谓横向分离的技术进步,是指新技术和新技术群的出现,即新技术、新技术群同原有技术的分离。近代技术发展史证明,技术进步速度越快,这种技术分离就越频繁,横向分离范围就越大。横向分离的技术进步,造就了越来越多的日益独立的新技术或新技术群,在这些新技术和新技术群的引导下,一般会产生新产品、新工艺、新材料、新能源等,扩大了社会分工的范围,创造了生产活动的新领域。一旦市场容量扩大到某一程度,这些新的生产活动和社会分工就会形成新的产业。新的产业形成有两条途径:一是新技术孕育出以前没有的全新产业,如信息技术孕育了网络产业等;二是新技术向传统产业扩散。促进传统产业的分化、重组等创造出新产业。随着新兴产业和产业部门的出现,传统产业的主导地位丧失,传统部门被替代而衰落。由此可见,横向分离的技术进步通过新兴产业和部门的诞生以及传统产业和部门的衰退来实现产业结构向深度和宽度发展。

(三)全方位移动的技术进步对产业结构的影响

全方位移动的技术进步,是上述两种技术进步的综合。但是并不仅限于此,它还包括随时间、方向移动的技术进步,也就是从技术发展史的角度所看到的技术进步。全方位移动的技术进步,是与历史同步迈进的,因此,它与不同历史时间的产业结构变动是紧密相连的。一定历史时期技术发展状况,强烈影响着这个时期的产业结构的状态。全方位移动的技术进步突飞猛进的时代,也就是产业结构扩张的时代。

二、产业结构的演化趋势

从本质上来说,产业的形成、分解或新兴产业的产生都是技术进步的结果,如果没有技术进步,社会劳动生产率就不可能提高,产业也就无法演进(李京文、郑友敬,1988)。伴随着技术进步,新兴产业和部门不断涌现,传统产业和部门不断衰退,但很少消亡,所以国民经济中的产业和部门不断扩张,产业结构不断加深、拓宽。

技术进步的历史就是产业演进的历史,也是产业部门扩张的历史。通过回顾技术进步历史,可以考察三次产业变动的轨迹。人类在掌握使用石器和种植技术后,学会了动物的驯养技术,由此导致人类社会的第一次大分工,即畜牧业从农业中分离出来。技术进步催生出了新兴产业——畜牧业和农业。随着人类掌握了越来越多的手工业技术,特别是金属加工和制造技术,于是发生了第二次社会大分工,手工业从农业中分离出来。技术进步催生了新兴产业——手工业。随着技术进步的积累和生产力的提高,商品生产、交换规模和范围不断扩大,于是产生了第三次社会大分工,商业从物质生产领域分离出来,即产生了第三次产业。由此可见,随着技术水平的提升,产业深度加深,从单一的第一产业扩展到三次产业并存的状况。

三次产业形成后,它们在不同技术发展水平时期的产业结构中的作用和地位不同。以工业化程度为基本标志,可以把世界各国国民经济发展的成熟程度划分为四个阶段:工业化前的经济、工业化初期的经济、工业化经济和后工业化经济。从中可以看出:处于同一发展阶段的国家,其产业结构大体是相同的,而与处于不同阶段的国家相比,则有明显的差异。恰恰是这种"异同"反映出技术进步水平对产业结构的发展和变化起着决定性的作用。一个国家的技术水平、经济发展水平越高,第一产业乃至第二产业也即整个物质生产领域的比重(在产值、劳动和固定资本中的比重)就越低,而第三产业也即非直接的物质生产部门的比重就越高。这就是说,产业结构的重心是沿着第一、第二、第三产业的顺序转移的。这样,一个国家的国民经济结构,特别是三次产业的不同比重在很大程度上反映出其经济、技术的发展水平和成熟程度。

技术进步不仅催生出新的产业,而且还催生出许多新兴产业部门。每次重大的技术进步都会产生许多新兴的产业部门,并使它们成为国民经济的主导产业部门,而传统的产业部门逐渐丧失了主导地位,从而在产业部门层次上,加宽了产业结构。

回顾历史上几次工业革命就可以清楚地看到新兴部门的产生和传统部门的衰退。以蒸汽机为标志的第一次工业革命,不仅导致了第二次产业的兴起,而且由于专业技术的迅速发展,使得第二次产业内部的纺织、煤炭、冶金、机械制造等各个产业部门迅速分离和发展起来,形成了一个强大的第二次产业网络,并成为社会主导产业。同时,工业部门的机械化设备运用于农业生产,促进了第一产业的分离,出现了农业、林业、牧业和渔业。从能源革命开始的第二次工业革命,使照明、动力等产生了突变性飞跃,引起了电机电力产业、精细化工产业、通讯产业等一系列新兴产业的产生,使产业结构发生了改变。石油作为能源而得到应用后,随着石油化学工业技术的出现,又产生了汽车产业、飞机产业、精细化工产业等一系列新兴产业,产业结构再次发生重大变化。而以微电子技术、原子能技术、光学技术、新兴材料技术等"高技术"为基础的第三次工业革命,又诞生了电子计算机工业、核能及核工业、电视工业、航天工业等一系列新兴产业,传播媒介发生了巨大变化。电子革命使许多生产部门的生产技术控制、信息处理方法等发生了革命性变化。电子计算机的发明和运用对第三次产业的发展起到了巨大的推动作用。首先,它大大提高了第一、第二次产业的生产效率,促成了对第三次产业的强大需求。第三次产业中的一般性服务行业由来已久,但是它们很多混杂在第一、第二次产业中,由于技术进步使劳动生产率提高,使社会生产向专业化方向发展,第三次产业逐步从第一次和第二次产业中分离出来,并获得了极大发展。其次,电子计算机的发明,给以"服务"为特征的第三次产业装备了强大的技术手段。计算机使各个产业部门都受益匪浅,第三产业尤为突出。正是由于电子计算机及其由此而导致的一系列技术进步,才使得银行、办公系统、交通控制与调度系统、商业和其他社会服务部门和行业的服务经营方式发生了深刻变化,服务手段迅速现代化,营业范围大幅度扩展,使之成为真正的现代化产业。

技术进步不仅决定着产业、产业部门的兴衰,而且还决定着产业部门内部各行业的兴衰,从而在更深的层次上拓宽了产业结构。以工业部门为例说明,技术进步如何影响工业内部结构。

工业部门内部的轻、重工业的比例关系主要由技术水平决定。世界经济发展的实践证明,轻、重工业的比例关系,也受经济发展成熟度和技术进步发展水平的制约,而且有阶段性。一般来说,在大工业发展的初期,轻工业在整个工业中占优势。这是因为,技术相对简单,耗资少,回收快,直接为居民生活服务,易于寻求市场。这是大工业发展的第一阶段。随着工业的发展,工业部门增多,国民经济各部门从手工劳动向机械化过渡,对生产资料的需求越来越大,此外技术进步,资本积累,又为重工业的发展提供了可能。因而重工业的发展速度大大快于轻工业,其比重不断上升。这是大工业发展的第二阶段。随着大工业的深入发展,科学技术进步出现了更为复杂的情况。一方面,生产机械化、自动化进一步发展,资本有机构成进一步提高,对生产资料提出了更多的需求;但另一方面,随着技术水平的提高,社会生产从外延向内涵迈进,机器设备单位生产能力的造价会相对降低,其使用效率即产出率会提高,单位社会最终产品所需的生产资料占用量和消耗量会降低,因而对生产资料的需求会相对减少。两种因素的综合,使生产资料生产和消费资料生产的发展速度相互接近,重工业的比重不再提高,这是大工业发展的第三阶段。随着科学技术的深入发展和生产形态内涵化的进一步加深,合乎逻辑地将会出现第四个阶段。在这一阶段,上述两种因素的对比,后一种因素(对生产资料的需求相对减少)会压倒(不仅是抵消)前一种因素,因而轻工业的比重会回升。这可以说是大工业发展的高度成熟阶段。

三、产业结构变动与劳动力需求

产业结构变动的历史趋势是,产业深度加深,宽度扩宽,经济范围一步步扩展。随着产业结构的这种变化,新兴产业、部门和行业必然成了劳动力的新的吸纳地,传统产业的衰退必然排斥部分劳动力,但总的结果是,产业结构的扩张极大地创造了就业机会。

(一)新兴产业、部门和行业的形成、扩张增加了劳动力需求

一个新的产业或者部门,就是从事具有同种经济活动属性的企业群,[1]新产业和部门的诞生引起劳动力和其他投入的集中。于是,新兴产业和部门的出现意味着,劳动力需求的绝对增加。从前面的分析可知,新产业和新产业部门不是同时出现,而是随着技术进步在不同的历史时期逐渐出现。因此,在人类发展历史上,由于新兴产业和部门的不断涌现使劳动力的需求绝对增加。关锦镗、曹志平等(1994)在考察了三次科技革命的基础上提出,科技革命对于就业有两方面的作用:一是技术革命的产生和发展,新兴产业部门的出现,必然引起产业结构与就业结构的变化,相应地出现结构性失业;二是新兴产业部门的形成,原有产业范围的扩大,势必又会增加社会的就业容量。

---

[1] 苏东水:《产业经济学》,高等教育出版社 2000 年版,第 22 页。

（二）传统产业、部门和行业的收缩、衰退减少了劳动力需求

所谓产业衰退，根据《现代产业经济辞典》的表述是：按增长率变动划分产业的类型之一，其主要特征是增长减速甚至停滞。具体表现为：（1）生产的产品是传统的产品；（2）生产率相对较低，技术落后；（3）市场份额缩小，销售额下降；（4）难以吸收人力资本的投入，有能力、有经验、有技术的工人极其稀缺。① 有的学者以产业退出来描述这一含义，认为"产业退出是指某些产业在经济中的比例逐渐减少、要素投入量逐渐下降的过程"。② 因此，随着产业、部门步入衰退期，它们生产规模减小，要素投入收缩，劳动力需求减少。与产业衰退相伴而生的是就业量的下降，失业增加。产业衰退必然分离出大量的多余劳动力，尤其在某一地区占据较大份额的产业发生衰退时，分离出的大量劳动力将会成为失业者。一是因为新兴产业一般是技术密集型产业，而衰退产业一般是劳动密集型产业，新兴产业接纳的劳动力数量少于传统产业衰退时释放出的劳动力数量；二是因释放出的劳动者素质和技能不符合新兴产业的需求，因此，失业者再就业困难，如此一来，势必产生大量失业者。

尽管如此，衰退产业的就业劳动力不会全部退出，因为产业的生命周期具有明显的"衰而不亡"的特征③。一个产业进入衰退期，意味着该产业在整个产业系统中的比重将不断下降。但世界各国产业结构演进的历史都表明，进入衰退期的产业占整个产业的比重不会下降为零，而表现出"衰而不亡"的特征。主要原因是，随着新兴产业的不断形成和发展，原有产业的比重必然会下

---

① 郭万达：《现代产业经济词典》，中信出版社1991年版，第124页。

② 张耀辉：《产业创新的理论探索——高新产业发展规律研究》，中国计划出版社2002年版，第168页。

③ 陆国庆：《衰退产业论》，南京大学出版社2002年版，第119页。

降,但对该产业产品的市场需求不会完全消失。因此,大多数产业都表现为"衰而不亡",真正"死亡"或"消失"的产业并不多见。

(三)产业兴衰引起就业的结构性变动和就业量的增加

单纯的新产业、部门的兴起或者传统产业的衰退都不会发生,真正的现实是,新产业、部门的兴起与传统产业的衰退同时进行,只是两者的规模和速度的大小不同而已。在某一时期,兴起的新产业部门比衰退的产业部门多,力度大或者速度快;在另一时期,衰退的部门多,力度大或者速度快;再过一个时期,衰退和兴起的力量可能达到平衡。产业、部门兴起和衰退交织在一起将对就业产生什么影响呢?

从历史的发展来看,随着技术进步和社会分工的深化,产业、产业部门及其子部门越来越多,尽管有产业及其部门衰退,甚至有些产业部门消失,但最终的结果是,产业部门数量越来越多,生产规模越来越大。因此,就业的绝对量在增加。这就与历史上伴随着人口数量与劳动供给的增加,就业量绝对地增加是一致的。所以说,从长期来看,技术进步扩大了经济范围,增加了就业量。

但是,从短期来看,技术进步对就业量的影响就要视具体情况进行分析。这里存在三种情况:一是产业衰退的速度和规模超过了产业兴起、扩张的速度和规模,就业的收缩超过就业的扩张,平衡的结果是就业减少;二是产业兴起、扩张的速度和规模超过了产业衰退的速度和规模,就业增加量就会超过就业减少量,平衡的结果是就业增加;三是产业兴起、扩张的速度和规模与产业衰退的速度和规模等量齐观,平衡的结果是就业量不变。

关于新旧技术体系交替过程中,新旧产业的更替对就业的影响到底是增加就业还是减少就业,希克斯曾在其论文和著作中就此问题设计出了一种分析方法。斯图门·鲍尔(Stoneman Paul,1983)认为这一方法源自于奥地利学派,其具体的分析思路如下。

技术用投入产出的时间特征进行表示,单位作业(Unit

Operation)包括两部分:劳动投入 $a(t)$ 和产出 $b(t)$ (t 表示从作业开始时计算)。$x(t)$ 表示从作业时间 T 开始的作业数量,n 表示作业的总时间长度,则对使用该种技术的经济而言,就业和产出可以表示如下:

$$总就业 = A(T) = \int_0^n x(T-t)a(t)dt \tag{4.1}$$

$$总产出 = B(T) = \int_0^n x(T-t)b(t)dt \tag{4.2}$$

用 w 表示工资,则单位作业的产出与工资之差为 $q(t)$,且 $q(t) = b(t) - wa(t)$ 。同理可得到经济中整体的生产盈余 $Q(t)$ 为:

$$生产盈余 = Q(t) = B(t) - wA(t) \tag{4.3}$$

令 ρ 为经济中的贴现率(利率),在完全资本市场条件下有:

$$k(0) = \int_0^n q(t)e^{-\rho t}dt \tag{4.4}$$

ρ 初始值(即作业开始时)为零,当技术及工资给定时,上式可决定利率 ρ 的大小。

新奥地利方法不同于其他方法的重要之处在于,该方法研究的技术进步影响,实际上是两种技术或技术体系在替代被替代过程中产出与就业的变化。在考察的初始时间($T=0$)使用旧技术体系,其相关系数为(a^*, b^*, n^*),假设经济在该技术条件下按照不变的充分就业率增长。从 $T=0$ 点以后,新技术体系〔相关系数为(a, b, n)〕开始引入。假设新技术体系比旧技术体系优越,则在任一工资 w 条件下新技术体系都比旧技术体系有更高的利率 ρ 。对任一时间有下式:

$$A(T) = \int_0^n x(T-t)a(t)dt + \int_0^{n^*} x^*(T-t)a^*(t)dt \tag{4.5}$$

上式表明,在某一时点上的产出和就业取决于新旧两种技术体系的系数和开始时作业数量。假设在新旧技术体系转换过程中工资 w 保持不变，则要满足条件(5.4)，必有 ρ 上升，从而使用旧技术体系作用的初始资本 $k^*(0)$ 将为负数。$T > 0$ 时，$x^*(T) = 0$；$T < 0$ 时，$x(T) = 0$。由此可得：

$$A(T) = \int_0^T x(T-t)a(t)dt + \int_T^{n^*} x^*(T-t)a^*(t)dt \quad (4.6)$$

把结果放在同一个参照轨迹中进行比较。由于只采用了旧技术体系，因此参照轨迹的就业量为：

$$A^*(T) = \int_0^{n^*} x^*(T-t)a^*(t)dt \quad (4.7)$$

其中 $a^*(t)$ 表示当 $T > 0$ 时的开始数。从而可以得到就业量变化：

$$A(T) - A^*(T) = \int_0^T x(T-t)a(t)dt - \int_0^T x^*(T-t)a^*(t)dt$$

$$(4.8)$$

利用类似方法可以求出产出变化量及生产盈余。最终产品 $B(T)$ 是消费品流量。$wA(T)$ 是以消费品度量的全部工资，而 $Q(T) = B(T) - wA(T)$ 是消费品，等于利润中用于消费的部分。斯图门·鲍尔(Stoneman Paul, 1983)指出，全部就业条件是假定 $Q(T) = Q^*(T)$，全部产出中一部分由资方消费，其余以工资 w 雇佣劳动力，所有产出被消费掉。

斯图门·鲍尔(Stoneman Paul, 1983)总结出在新奥地利模型中就业变化的情况是：在开始时刻($T = 0$)点，由于旧技术体系仍没有停止，且新技术体系的引入并没有改变可供消费的产出总量，也就是说存在时滞，因此就业没有变化。随着时间推移，新技术体系开始影响产出流量时，就业即开始发生变化：如果旧技术体系是向资本密集程度低的新技术转化，则就业将增加；如果旧技术体系是向资本密集程度高的新技术体系转化，则就业变化还将依赖于生产盈余的分配,即利润中有多少是用来雇佣劳动力。

斯图门·鲍尔(Stoneman Paul,1983)同时利用该模型与英国计算机的实际扩散过程(1952～1970年)结合起来,得出英国应用计算机给就业与失业带来的影响。其基本结论是:开始阶段,每年用于计算机制造所用的净劳动力数目超过计算机使用节省的净劳动力数目,就业人数是净增加;然而随着计算机应用的普及(技术扩散),计算机存量增加,后者超过了前者,劳动力节省逐渐占据主导地位。从用于管理方面的每台计算机所取代或增加的职位来看,部分职位如普通职员、打字员等减少了,而部分职位如程序员、系统分析员等则增加了。

从发展过程中产业兴衰对就业作用的事实,可以洞察出产业兴衰交织在一起到底是增加了就业还是减少了就业。首先看产业的兴衰对劳动力需求的影响。在农业经济社会,农业部门是吸纳劳动力的主要部门,由于18世纪英国技术革命以及它的广泛影响,农业部门所占比重逐步缩小,社会劳动力大量流入工业部门;而现在由于信息技术革命及其他高新技术,工业劳动力所占比重逐步下降,社会劳动力又大量流入IT产业及其相关部门与其他新兴行业。例如,在工业化过程中,农业的现代化曾使英国1780～1980年农业劳动力的比重从50%下降到2.2%,20世纪美国也经历了这一过程,但与此同时,美国经济创造的全部就业机会从1900年的2700万上升到1994年的1.245亿;在20世纪70年代以来的二十余年中,美国物质生产部门的就业人员持续下降。农业、制造业从业人员比重下降十分明显。和1970年比较,1991年这些部门占总就业量的比重分别下降了16.3、8.89个百分点。除此而外,这些部门从业人员的绝对数在这20年中也表现了下降趋势。与此形成鲜明对照的是,在非物质生产部门的金融、保险及房地产业和服务业的从业人员比重在这20年中得到了扩张,分别上升了1.65、8.06个百分点。制造业从业人员的比例的下降与服务业人员比例的显著增长成为这一时段内美国劳动力产业结构调整的显著特征。

自 20 世纪 70 年代以来的二十余年中,美国社会就业的产业结构继续调整的同时,各个产业的内部的就业结构也发生了一些引人注目的变化。从制造业内部的就业情况来看,其内部各部门在这 20 年中各自的就业需求也不尽相同,不同的部门表现出较大的差异。1975 年到 1990 年间,美国制造业中增长最快的部门由高到低分别为:半导体及相关设备、计算机设备、医疗设备、印刷与出版,它们的年平均增长率分别 4.6、4.3、4.3、2.5。不难看出,信息部门的发展已经成为美国制造业中吸纳就业的一股强大力量。另外,由于产品市场容量的影响,从耐用消费品与非耐用消费品两大部门来看,前者在该时期呈现萎缩趋势,而后者是相对扩张。

与此同时,同期就业增长最快的服务业的内部也发生了新陈代谢。从服务业内部的产业结构来看,商业服务、个人服务、娱乐及相关服务的就业量的变化也大相径庭。其中,占据服务业主要份额的相关服务类在 1970 年至 1991 年间仍然保持着强劲的增长势头,增长 100%,但同期增长最快的服务业部门为商业服务类,增长了 283%,相形之下,个人服务业在此期间的就业增长率几乎接近停滞,仅微增 5%。

第三节　生产规模与经济范围

生产规模是从投入产出的角度讨论社会经济规模的,而经济范围是从从事经济活动的范围角度来考察社会经济规模的。经济范围越大生产规模越大,因为产业、部门增多,每个产业、部门的规模扩大都会导致全社会生产规模扩大;相反,生产规模越大并不意味着经济范围越大,因为即使只有一个产业或部门时,生产规模仍然可以扩张。例如,在第一次工业革命之前,第一产业居于主导地位,第一产业生产规模越来越大,但是经济范围基本没有变化;随着一次产业扩充至二、三次产业,经济范围扩大,生产规模以更快的速度扩大。

社会生产规模扩大是企业生产规模扩大之和,而具有同类经济活动属性的企业集合构成了产业。[①] 因此,产业、部门和行业是生产规模的载体,即生产规模扩大表现为不同产业、部门和行业的投入产出规模的扩大。从这个意义上来说,生产规模扩大而增加就业最终表现为产业、部门和行业新增劳动力数量,这里的产业、部门和行业既包括原有的产业、部门和行业,也包括新兴产业、部门和行业。也就是说,生产规模扩大而增加的就业表现为原有产业生产规模扩大新增就业和技术进步导致的新兴产业吸收的就业。它们之间的关系见图4-2。同时,根据前面的分析,生产规模扩大包括要素投入引致的生产规模扩大和技术进步引致的生产规模扩大,因此,生产规模扩大增加的就业是要素投入扩大的就业和技术进步扩大就业之和。它们之间的关系见图4-3。

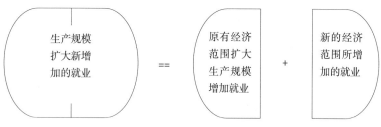

图4-2　生产规模扩大增加就业的表现

由此可见,技术进步的就业创造效应等于技术进步扩大经济范围所新增的就业与技术进步扩大生产规模所新增就业之和,见

---

① 苏东水:《产业经济学》,高等教育出版社2000年版,第22页。

图 4－4。

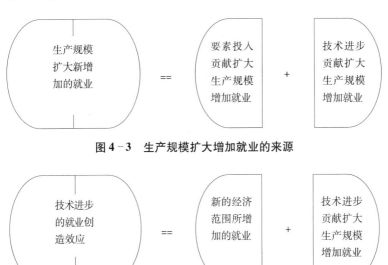

图 4－3　生产规模扩大增加就业的来源

图 4－4　技术进步的就业创造效应

　　技术进步的就业创造效应增加了就业岗位,扩大了劳动力需求,因此,表现在劳动力市场上,就是技术进步推动劳动需求曲线向右移动(见图 4－5)。图 4－5 显示,在初始条件下,劳动力需求曲线是 D,工资率是 W。由于技术进步的就业创造效应,在工资不

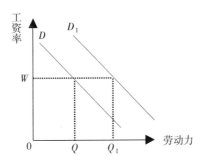

图 4－5　技术进步的就业创造效应

变的条件下,劳动力需求增加,所以劳动力需求曲线 D 向右移动到 D_1,劳动需求量增加 QQ_1。QQ_1 就是技术进步的就业创造效应所产生的就业增加量。

第四节　小　　结

技术进步可以创造出新的就业岗位和就业机会,从而增加劳动力需求。技术进步的就业创造效应包括第一类就业创造效应和第二类就业创造效应。

生产规模扩大和经济范围扩展是就业增加的来源。这一点可以解释,尽管人口和劳动力不断增长,但就业岗位也在增加,并且就业机会逐渐从传统产业、部门转移到新兴产业和部门,新兴经济部门成为主要的劳动力吸纳地。技术进步对就业的创造效应正是透过它们形成的。第一类就业创造效应是,技术进步提高要素的生产率增加产出,新增加的产出通过扩大投资而扩大生产规模,从而吸收更多劳动力就业。第二类就业创造效应是,技术进步通过加深和拓宽产业结构的深度和宽度,扩大经济范围,从而增加就业。两类就业创造效应既有联系,又有区别,它们共同构成了技术进步扩大劳动力需求的渠道。

第五章　技术进步的就业总效应

　　基于劳动力市场的供求分析,我们发现技术进步对均衡就业量的影响具有不确定性,其不确定性根源于技术进步的就业总效应之变动性。技术进步的就业总效应包括就业损失效应和就业创造效应,由于就业损失效应和就业创造效应动态变化,所以它具有三种结果:正效应、负效应与零和效应。在产品市场上,生产规模和技术进步是决定劳动需求的基本因素。劳动需求随着生产规模扩大而增加,即生产规模具有单向的就业扩大效应。技术进步的就业总效应是叠加在生产规模效应之上,并对生产规模的就业效应进行修正,从而形成最终社会就业量。技术进步和生产规模共同决定社会就业量的作用机制和分析框架,我们称之为技术进步的就业效应理论。该理论既可以分析经济周期、经济增长,也可以解释非"特征事实"的宏观经济现象。

第一节　技术进步与均衡就业量

　　前面的分析已经证明,技术进步既作用于劳动总供给,也作用于劳动总需求。在劳动力市场上,其他条件不变的情况下,技术进步确定性地增加劳动供给总量,同时也作用于劳动总需求,只是作用结果不明确,要么增加劳动需求,要么减少劳动需求,要么保持劳动需求不变。

　　假定技术进步的就业创造效应大于就业损失效应,那么技术进步增加劳动需求,从而推动劳动需求曲线向右移动。在新的劳动需求曲线与供给曲线的交点处所决定的就业量就是叠加了技术进步因素之后的社会就业水平,见图 5-1。图 5-1 显示,在没有发生技术进步的条件下,劳动需求曲线 D_0 与供给曲线 S_0 相交于 E_0 点,形成均衡就业量 L_0 和均衡工资率 W_0。由于发生了技术进步,劳动力需求增加,需求曲线从 D_0 向右移动到 D_1,同时劳动供给也增加,供给曲线由 S_0 向右移动到 S_1,新的劳动力供求曲线在 E_1 处重新实现均衡,形成均衡就业量 L_1 和均衡工资率 W_1。L_0L_1 就是技术进步作用于劳动供求的最终结果,它意味着在就业创造效应大于就业损失效应时,技术进步提高了就业量。图 5-1 还表明,由于劳动的新增供给量超过了新增需求量,所以在就业量增加时,工资水平从 W_0 下降到 W_1。

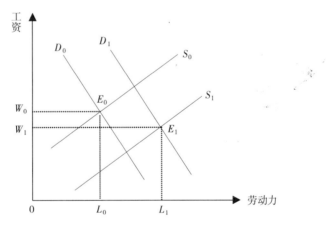

图 5-1　创造效应大于损失效应条件下的技术进步与均衡就业量

　　假定技术进步的就业创造效应小于就业损失效应,那么技术进步减少劳动力需求,从而推动劳动力需求曲线向左移动,技术进步对就业水平的影响与上述情况相反,具体见图 5-2。在没有技术进步的情况下,劳动需求曲线 D_0 与 S_0 在 E_0 处达到均衡,均衡工

资 W_0 和均衡就业量 L_0。在技术进步发生之后,劳动总供给增加,S_0 向右推移到 S_1;劳动总需求减少,D_0 向左推移到 D_1。S_1 与 D_1 在 E_1 点重新实现均衡,得到均衡工资 W_1 和均衡就业量 L_1。L_1L_0 就是技术进步作用于劳动总供给与总需求后的就业减少量。在原有均衡的条件下,由于技术进步增加的劳动供给量大大高于减少的劳动需求量,所以工资下降到 W_1,就业低于原有的均衡水平。

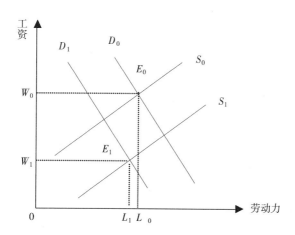

图 5-2 创造效应小于损失效应条件下的技术进步与均衡就业量

基于劳动力市场的分析,我们发现技术进步对均衡就业水平的影响具有不确定性,要么增加就业,要么减少就业,或者就业量不变。其根本原因在于,技术进步对劳动力供给具有确定性的增加效应,而对劳动力需求的影响具有不确定性,这种不确定性根源于技术进步的就业损失效应与就业创造效应的差异。

既然技术进步确定性地增加劳动供给,并且相对于就业机会来说,劳动供给总是过剩,甚至在发展中国家劳动处于无限供给状态,我们面临的是失业问题和就业难题,以及如何创造更多的就业机会的问题。所以,下文忽略技术进步的就业供给效应,或者假定劳动无限供给,仅仅从劳动需求的视角去分析技术进步对就业量的决定。而技术进步对就业量的作用结果,取决于就业创造效应和就业损失效应的大小,因此,通过分析这两种效应的协同影响,我们构造了技术进步的就业总效应理论框架。

第二节 技术进步的就业总效应

技术进步的就业效应包括就业损失效应和就业创造效应。这两种效应对就业的作用方向完全相反,就业损失效应减少劳动需求,就业创造效应增加劳动需求。就业损失效应表明,随着技术水平的提高和技术进步速度的加快,劳动需求减少,进而降低就业量;它所反映的技术进步与就业量变化之间的关系可用图5-3中 SS 曲线表示。就业创造效应表明,随着技术水平的提高和技术进步速度的加快,劳动需求增加,进而提高就业量;它所反映的技术进步与就业量变化之间的关系可用图5-3中 CZ 曲线表示。

技术进步发生的条件下,两种效应同时发挥作用,于是形成了技术进步的就业总效应。技术进步的就业总效应有三种状态:负效应、正效应和零和效应。如果就业损失效应大于就业创造效应,总效应为负;如果就业损失效应小于就业创造效应,总效应为正;如果就业损失效应等于就业创造效应,就是零和效应。技术进步的就业总效应与损失效应、创造效应的关系如图5-3。当技术进步变化量为 A_0 时,损失效应减少的就业量为 L_0,创造效应增加的就业量为 L_0,也就是说,此时损失效应等于创造效应,技术进步的总效应为零,即 $OL_0 - OL_0 = 0$,技术进步既没有增加就业也没有减少就业。当技术进步变化量为 A_1 时,创造效应新增加的就业量为 L_1,而损失效应减少的就业量为 L_4,创造效应大于损失效应,所以技术进步的总效应为正,增加就业 $OL_1 - OL_4 = L_4L_1$。当技术进步变化量为 A_2 时,创造效应新增就业 L_3,损失效应减少就业 L_2,损失效应大于创造效应,所以技术进步的总效应为负,减少就业量 $OL_2 -$

$0L_3 = L_3 L_2$。

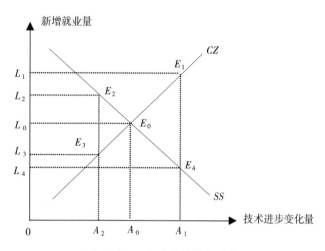

图5-3 技术进步的就业总效

由此可见,由于技术进步的就业损失效应和就业创造效应的动态变化,就业总效应不是一成不变的,而是随着技术进步变化量的变动而变化,表现为负效应、正效应与零和效应三种状态。

技术进步的就业总效应分析具有重大的理论和现实意义。奥肯定律反映了产出与失业之间的稳定关系,但现实对这种稳定关系提出了挑战,技术进步的就业总效应揭示了这种稳定关系被破坏的根源。同时,它也为诠释"高增长低就业"提供了理论基础。从更深层的角度来看,由于技术进步的就业总效应决定了失业率的波动,那么我们有理由认为与零和效应相对应的失业率是自然失业率。不过对此问题还有待进一步研究和检验。

除了技术进步作用于劳动需求形成就业总效应之外,生产规模也是决定劳动需求的因素,它们二者共同决定着社会就业量的变化。

第三节　生产规模与劳动需求

　　就业是劳动力获得有报酬工作的一种状态,就业水平是劳动力市场上劳动力供求平衡的结果,就业水平(量)的变动决定于劳动力市场上的供求力量。企业是劳动力的需求方,企业对劳动力的需求量由其产品需求量、技术水平、其他要素的供给量和工资率等变量决定。居民家庭是劳动的供给方,在供给劳动时,他们主要考虑自己的财富状况、市场工资率、工作条件和自己的偏好。在众多的供求决定因素中,工资是最关键的因素,企业根据工资率的高低决定增加或减少劳动力需求,居民家庭根据工资率的高低决定是否供给劳动力。从表面上看,工资决定着劳动力需求,但实际上,只有在企业的生产规模和生产率一定的条件下,工资才能发挥调节劳动力需求的作用。因此,真正决定劳动力需求的是企业的生产规模和生产率水平。当生产规模扩大时,企业必然要增加各种要素(包括劳动)的投入。例如,经济繁荣,企业扩大投资,工资上涨,劳动需求增加;经济萧条时,企业缩减投资,工资下降,失业增加。当生产率提高时,同样的产出水平意味着企业需要更少的要素投入,劳动需求减少。因此,从微观层面考察,企业的生产规模和生产率是直接决定劳动力需求的因素。

　　将微观的个量进行抽象、汇总,就可以形成宏观的总量。将企业和居民家庭之间的相互交易关系进行抽象、加总,就构成了劳动力市场和产品市场。劳动力市场中总供给量与总需求量的均衡结果,便形成了就业水平。但是,劳动的总需求不是由劳动力市场决定,而是由产品市场决定。产品市场的生产规模和生产效率是生产要素需求的直接决定力量。产品的供给决定于产品的需求,因而货币市场不可避免地影响着生产规模。所以从宏观层面可以梳理出劳动需求的影响力量。

$$劳动力市场: L_S = L_D \qquad (5.1)$$

$$产品市场: Y = AF(K, L_D) \qquad (5.2)$$

$$货币市场: \frac{M}{P} = L_1(Y) + L_2(r) \qquad (5.3)$$

从三个市场的传导关系来看,在生产率一定的条件下,货币供给量的变化引起产品需求量的变动,产品需求的变化引发生产规模的变化,生产规模的变动诱发了整个经济对劳动需求的变化。由此可见,在生产率一定的条件下,生产规模是决定劳动需求的宏观变量。相反,生产规模不变,但生产率变动的条件下,三个市场的传导关系仍然发生作用;生产率提高,不用扩大生产规模就可以提供更多的产出,劳动需求不变或减少,反之亦然。所以,在宏观层面决定就业量的因素包括生产规模和技术进步,其中生产规模是根本性的决定力量,技术进步是叠加在生产规模效应上的决定力量。

无论是古典还是新古典的增长理论和周期理论都认为增加投资会扩大生产规模,从而增加劳动需求。因此,投资或者生产规模与新增就业量之间是同向变动关系,即投资增加,生产规模扩大,创造的就业岗位越多,劳动需求增加;相反,投资缩减,生产规模缩小,创造的就业岗位少,劳动需求减少。这与马克思的经济周期理论和西方主流经济理论是一致的。经济复苏时期,投资扩张,生产规模扩大,劳动力市场"密集(thick)",就业量增加,失业减少;经济萧条时期,投资缩减,生产规模缩小,劳动力市场"稀薄(thin)",就业量下降,失业增加。① 因此,生产规模与新增就业量之间的同向变动关系可表示为图5-4。

图5-4显示,生产规模变动与就业增量之间同向变化,生产

① Diamond, P. A.: "Aggregate Demand Management in Search Equilibrium", *Journal of Political Economy*, October. 1982, pp. 176 - 178.

规模扩大,就业量增加,生产规模缩小,就业量减少,因而形成了生产规模变动的就业效应。由于生产规模的扩大与收缩决定于投资规模,所以可以将投资规模视做生产规模,甚至用投资规模代替生产规模。

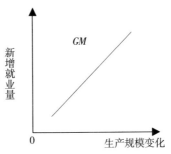

图 5 - 4　生产规模变动的就业效应

总之,决定就业量的基本因素是生产规模或投资规模,生产规模的就业效应表明,随着生产规模的扩大就业量确定性地增加。生产规模的就业效应理论具有重大意义,它从理论上解释了为何人类社会的就业量呈逐渐扩大的轨迹,为何每年新增就业量表现出波动的特征。

无论如何,只有将技术进步的就业总效应与生产规模的就业效应融合在一起,才能真正从宏观层面揭示社会就业量的变动规律。

第四节　社会就业量的最终决定

根据生产函数 $Y = AF(K, L)$ 的丰富内涵,我们知道,决定社会就业量的因素除了生产规模之外,还有技术进步。由于生产规模的就业效应与技术进步的就业总效应之间的关系,我们认为,在技术进步效应的基础上叠加生产规模效应的影响,或者在生产规模效应的基础上叠加技术进步效应的影响,从而可以深刻洞察这两个变量对社会就业量的影响。

首先,考察在技术进步的就业总效应基础上,生产规模的变动如何影响社会就业量。叠加在技术进步的就业效应基础上的生产规模效应,推动技术进步的就业创造效应曲线左右移动,从而对社会就业量产生影响,如图5-5所示。

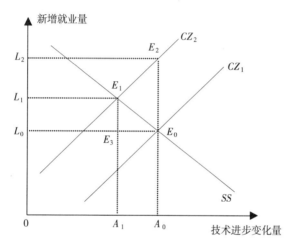

图5-5　总就业量的决定

图5-5显示,假定技术进步的就业创造效应与就业损失效应均衡于E_0点,即在技术进步变化量为A_0时,技术进步的就业总效应为零。在此基础上受到生产规模扩大的作用,技术进步的就业创造效应曲线CZ_1向左移动至CZ_2,就业增加E_0E_2,也就是就业增加L_0L_2。L_0L_2的就业增量完全是生产规模扩大的结果。如果生产规模相对于上期缩小,那么规模效应就会减少就业,技术进步的就业创造曲线CZ_1向右移动,全社会就业量将减少。再看如果技术进步变化量为A_1时,此时技术进步的就业创造效应小于就业损失效应,技术进步的就业总效应表现为减少就业,减少量是E_1E_3;但是由

于生产规模扩大推动就业创造效应曲线 CZ_1 移到 CZ_2 的位置,从而增加就业量 E_1E_3,最终使全社会就业量保持不变。也就是说,生产规模效应增加的就业量抵消了技术进步减少的就业量。

其次,考察在生产规模的就业效应的基础上,技术进步的变动如何影响社会就业量。在生产规模一定的条件下,技术进步的就业总效应如果为正,那么劳动力需求将在规模效应基础上进一步增加,社会新增就业量大幅度提高;如果技术进步的就业总效应为负,那么技术进步将在规模效应的基础上抵消一部分就业,从而减少社会新增就业量。具体见图5-6。

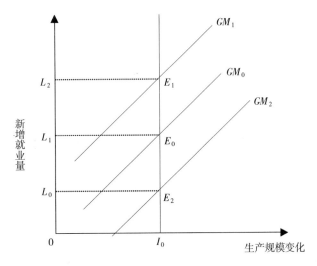

图5-6　总就业量的决定

图5-6显示,在生产规模为 I_0 时,生产规模效应增加的就业量为 L_1,如此同时,技术进步的就业总效应产生重叠影响。当技术进步的就业总效应为正,那么生产规模效应曲线 GM_0 向左移动至 GM_1,这时新增就业量由 L_1 增加至 L_2,即技术进步的就业总效应增加就业量 L_1L_2。相反,当技术进步的就业总效应为负,那么生产规

模曲线 GM_0 向右移动至 GM_2，全社会新增就业量为 L_0，即由于技术进步的就业总效应使就业量绝对地减少 $L_0 L_1$。由于技术进步的就业总效应的不确定性，所以即使生产规模的就业总效应不变，全社会就业水平因技术进步的就业总效应的变化而变动。

最后，考察在生产规模效应的基础上，生产规模和技术进步同时发生变动时，社会就业量的决定。利用图 5-7 进行分析。

当生产规模从 I_0 扩大到 I_1 时，就业量从 L_0 上升到 L_1，即规模效应增加的就业量是 $L_0 L_1$。同时，技术进步的就业总效应如果为正，则 GM_0 移动到 GM_1，就业量在 L_1 的基础上上升到 L_2，技术进步的就业总效应增加的就业量是 $L_1 L_2$。生产规模扩大和技术进步的就业总效应共同增加的就业量就是 $L_0 L_1 + L_1 L_2 = L_0 L_2$。也就是说，在这段时间内社会新增就业量是 $L_0 L_2$。

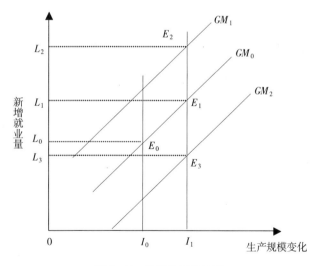

图 5-7 总就业量的决定

如果技术进步的就业总效应为负，那么叠加在生产规模效应基础上的就业量就会发生相反的变化。即 GM_0 移动到 GM_2，就业

量在 L_1 的基础上下降到 L_3，技术进步的就业总效应减少就业量 L_1L_3。由于技术进步就业总效应减少的就业量 L_0L_1 超过规模效应增加的就业量 L_1L_3，所以两者作用最终结果是就业减少 L_0L_3，即生产规模扩大和技术进步的就业总效应共同增加的就业量就是 $L_0L_1 - L_1L_3 = -L_0L_3$。

由此可见，生产规模扩大使全社会就业量趋于增加，但是在技术进步的作用下，全社会新增就业量有可能增加，也有可能减少。到底增加还是减少，决定于技术进步的就业总效应之作用方向和作用力度。总之，在生产规模扩大和技术进步的就业效应作用下，社会新增就业量基本上为正，只不过有的年份增加量大，有的年份增加量小。

综上所述，在生产规模的就业效应和技术进步的就业总效应基础上，我们构造出了一个基于宏观视角的社会就业量分析框架。依据这个逻辑框架，分析生产规模和技术进步对就业的决定机制和作用效果所形成的理论体系，我们称之为技术进步的就业效应理论。技术进步的就业效应理论是分析经济周期和经济增长的理论基础。投资和技术进步是经济长期增长的力量源泉，同时投资的波动和创新的集群性又会形成经济周期，所以说，它是增长理论和周期理论的基础。同时，它可以兼容宏观经济中的需求冲击论和供给冲击论。投资波动是需求冲击，技术进步的非直线性是供给冲击。所以，它将凯恩斯理论和新古典宏观周期理论结合起来了。也由于它的兼容性和现实性，它可以用来分析经济周期"特征事实"，也可以用于解释反经济周期的非"特征事实"。

第五节 小 结

以劳动力市场为基础，我们从劳动需求和劳动供给两个方面结合起来考察了技术进步对均衡就业量的影响。由于技术进步确定性地增加劳动供给,所以就业量的变化决定于技术进步对劳动需求的影响。为了集中笔力分析技术进步对劳动需求的影响,我们将技术进步对劳动需求量的影响机制定义为技术进步的就业总效应。技术进步的就业总效应包括就业损失效应和就业创造效应。由于技术进步的就业创造效应与就业损失效应动态变化,所以技术进步的就业总效应存在三种情况:正效应、负效应与零和效应。

从劳动力市场扩展到产品市场和货币市场,我们发现,从宏观层面来看,劳动需求最终决定于生产规模和技术进步。生产规模具有确定性的扩大劳动需求的功能,技术进步的就业总效应是叠加在其上的一种决定就业量的力量。我们将生产规模和技术进步共同作用于社会就业量的机制和分析框架称为技术进步的就业效应理论。技术进步的就业效应理论可以用来分析经济周期、经济增长,也可以用来解释宏观经济的非"特征事实"。

第六章　技术进步的就业总效应测算

技术进步的就业效应理论为分析宏观经济关系的变动厘清了思路,同时也为测算技术进步影响就业的程度提供了理论基础。根据技术进步的就业效应理论,立足于劳动力需求对就业量的动态影响,分别从技术进步的就业损失效应和就业创造效应,以及经济规模的就业效应构建量化体系,测算出中国的技术进步对就业量的影响程度。从而完成了对技术进步的就业效应理论体系的构建和应用体系的设计。

第一节　技术进步的就业损失量

技术进步的就业损失效应表现为,技术进步通过提高劳动生产率和增强资本对劳动的替代,减少劳动需求,降低就业水平。因此,技术进步所导致的就业损失,由劳动生产率提高所减少的劳动量和资本替代所挤占的劳动量共同决定。

一、劳动生产率的提高和资本对劳动的替代

利用科布—道格拉斯生产函数,可以测算出技术进步对劳动生产率、资本生产率和资本对劳动替代程度的影响。根据 $Y = AK^{\alpha}L^{\beta}$（ α 和 β 分别是资本和劳动的产出弹性, $\alpha + \beta = 1$ ）和索洛余值法,在规模收益不变和竞争市场假设下,产出增长率可以写成:

$$g_y = (\alpha g_k + \beta g_l) + g_A \qquad (6.1)$$

式中，g_y、g_k、g_l 分别是产出、资本和劳动的增长率；g_A 是在维持假设的条件下，既不能用劳动增长又不能用资本增长来解释的那部分增长的量度，它就是全要素生产率（TFP）或综合要素生产率。

$$g_A = \alpha g_{pk} + \beta g_{pl} \qquad (6.2)$$

式中，g_{pl} 是劳动生产率的增长率，g_{pk} 是资本生产率的增长率。

（6.1）和（6.2）式表明：g_A 等于以产出弹性为权数的各生产要素生产率增长率之和。或者等于产出增长率减去以产出弹性为权数的生产要素投入增长率之和。提高 TFP 增长率的根本途径在于提高诸要素生产率，各要素生产率增长率越高，则 TFP 增长率越高。实现同样的产出增长，生产要素投入增长率越少，则 TFP 增长率越高；在生产要素投入增长率不变的条件下，产出增长率越高，则 TFP 增长率也越高。技术进步率、劳动生产率和资本生产率对产出增长的贡献率 C_A、C_{pl}、C_{pk} 为：

$$C_A = \left(\frac{g_A}{g_y}\right) \times 100\% \qquad (6.3)$$

$$C_{pl} = \left(\frac{\beta g_{pl}}{g_y}\right) \times 100\% \qquad (6.4)$$

$$C_{pk} = \left(\frac{\alpha g_{pk}}{g_y}\right) \times 100\% \qquad (6.5)$$

劳动投入和资本投入对产出增长的贡献率 C_l、C_k 为：

$$C_l = \left(\frac{\beta g_l}{g_y}\right) \times 100\% \qquad (6.6)$$

$$C_k = \left(\frac{\alpha g_k}{g_y}\right) \times 100\% \qquad (6.7)$$

根据前面计算出的 TFP 增长率、α 和 β 值，我们计算出 1978 ～ 2005 年的技术进步和生产要素对产出增长的贡献份额，见表 6-1。

从表 6-1 测算结果可以得出结论，改革开放以来，中国全要素生产率对 GDP 增长的贡献份额为 28.61%；其中劳动生产率对

GDP 增长的贡献份额为 30.63%,资本生产率对 GDP 增长的贡献额为 -2.02%。中国的 TFP 对经济增长的贡献率远远低于发达国家(50%~70% 左右),在 GDP 增长中,71.39% 来源于生产要素投入量的增长,仅有 28.61% 来源于 TFP 的增长。表中数据反映如下特征:(1)就劳动来说,劳动生产率的产出贡献率平均达到 30.63%,而且劳动生产率对产出的贡献率逐年上升(表中第 2 列数据);劳动投入增长对产出的贡献平均只有 7.92%,相对来说要小得多,而且呈下降趋势(表中第 7 列数据)。这说明,劳动生产率对产出的贡献高于劳动数量的贡献,而且这种贡献的差距在扩大。这一特征意味着,随着技术进步提高劳动生产率,生产同样的产出所需要的劳动投入越来越少。(2)就资本来说,资本生产率对产出的贡献率很低,1995 年以后为负值,表明技术进步并没有使资本生产率提高,相反,大规模的固定资产投资的增加,降低了资本的生产率;如此相对应的是资本投入扩大,提升了资本投入对产出的贡献率,而且资本投入对产出的贡献从 1995 年的 66% 增加到 80% 多,使之平均高达 63.47%,正好表明中国经济是资本驱动型经济。也正是资本投入太多,从而降低了资本生产率。这一特征表明,如果不提高资本的生产效率,中国经济的高速扩张还得依赖于资本投入扩张。(3)就生产率来说,劳动生产率对产出的贡献率远远高于资本生产率的贡献率,另外,资本生产率对产出贡献平均为负值,这表明技术进步极大地提高了劳动生产率,而对资本生产率提高的促进作用不明显,所以,技术进步通过提高生产率极大地降低了劳动力需求,而对资本的需求却不能降低。(4)就要素投入对经济增长的贡献来说,资本投入的贡献是劳动投入的 9 倍,这说明资本投入的扩张挤出了劳动的投入,即存在资本对劳动的替代。因为资本投入对产出的贡献存在年代递增性,而劳动投入对产出的贡献存在年代递减性,说明资本投入对劳动投入的替代性越来越强。随着资本对劳动的替代,劳动需求逐渐减少,从

而使其劳动生产率快速提高。因此,劳动生产率的提高包含了资本对劳动替代的结果。

表 6-1 技术进步和要素投入对经济增长的贡献率(1978~2007 年)

年份	劳动生产率对产出增长的贡献率(%)	资本生产率对产出增长的贡献率(%)	TFP 对产出增长的贡献率(%)	资本投入对产出的贡献率(%)	劳动投入对产出的贡献率(%)	要素投入对产出的贡献率(%)
1978	31.88	13.58	45.46	47.95	6.59	54.54
1979	27.30	-6.58	20.72	68.07	11.21	79.28
1980	22.10	0.01	22.11	61.61	16.28	77.89
1981	14.64	-16.61	-1.96	77.98	23.99	101.97
1982	22.77	13.34	36.11	48.38	15.51	63.89
1983	29.30	19.11	48.41	42.53	9.06	51.59
1984	28.25	26.03	54.28	35.94	9.78	45.72
1985	28.03	13.15	41.18	48.72	10.10	58.82
1986	25.89	-6.07	19.82	67.70	12.48	80.18
1987	28.39	10.49	38.87	51.25	9.88	61.13
1988	28.09	7.89	35.98	53.84	10.18	64.02
1991	32.72	7.26	39.98	54.10	5.92	60.02
1992	35.49	19.36	54.85	41.95	3.20	45.15
1993	35.04	10.68	45.72	50.66	3.62	54.28
1994	34.82	4.69	39.52	56.64	3.84	60.48
1995	34.57	-5.20	29.37	66.49	4.14	70.63
1996	33.24	-10.11	23.13	71.45	5.42	76.87
1997	33.89	-13.17	20.72	74.44	4.84	79.28
1998	36.34	-24.19	12.15	85.28	2.57	87.85
1999	27.38	-25.10	2.27	86.57	11.16	97.73
2000	34.04	-16.18	17.86	77.41	4.73	82.14

年份	劳动生产率对产出增长的贡献率(%)	资本生产率对产出增长的贡献率(%)	TFP对产出增长的贡献率(%)	资本投入对产出的贡献率(%)	劳动投入对产出的贡献率(%)	要素投入对产出的贡献率(%)
2001	31.88	-22.43	9.46	83.74	6.80	90.54
2002	34.15	-18.73	15.42	79.97	4.61	84.58
2003	34.91	-17.23	17.68	78.46	3.86	82.32
2004	34.50	-21.84	12.66	83.10	4.25	87.35
2005	36.79	5.28	12.46	55.92	2.00	57.92
2006	37.09	-16.91	16.65	81.74	2.56	84.29
2007	36.39	-18.73	15.57	82.84	2.54	85.38
平均	30.63	-2.02	28.61	63.47	7.92	71.39

注：由于1990年的人口普查数据使人口的数据差了7000万,因此劳动就业的数据在1989年和1990年之间的变化出现了巨大的跳跃。这使得1989年和1990年的数据失去了可比性,属异常值,因此分析时将其忽略。

数据来源:由国家信息中心数据中心与新华在线信息技术有限公司合作提供的《经济数据特供系统》,数据检索入口:http://data.xinhuaonline.com;2005年以后的数据来源于《中宏数据库(教育版)》,检索入口:http://edul.macrochina.com.cn。

二、技术进步节省劳动投入

根据前面的分析,产出的增长由两部分构成:要素投入贡献的增长和技术进步贡献的增长。技术进步贡献的增长部分是在资本和劳动投入一定的条件下,通过提高资本和劳动生产率而形成的产出增加量。如果这部分产出不是技术进步的结果,而是由要素投入来实现,则必须投入相应的劳动量;而实际上,这部分产出是生产率提高的结果,从而节省了相应的劳动投入量。因此,从这个角度来说,技术进步提高要素生产率,增加产出,节省了劳动投入。劳动生产率的提高是两种因素综合的结果,一是技术进步直接提高劳动生产率,二是技术进步导致资本替代劳动,从而提高劳动生产率。因而技术进步提高劳动生产率节省了劳动包含了劳动生产率提高和资本替代劳动两方面的因素。

下面根据这一思想,设计出计算公式,测算出技术进步通过提高劳动生产率节省劳动需求的数量。

已知技术进步对产出的贡献份额为 C_{At},那么,技术进步对产出的贡献量 C_{yt} 为:

$$C_{yt} = C_{At} \times Y_t \qquad (6.8)$$

根据科布—道格拉斯生产函数,可以算出生产出 C_{yt} 所需要的劳动力数量,即:

$$C_{yt} = A_t \times K_t^{\alpha} L_t^{\beta} \qquad (6.9)$$

$$DL_t = \left(\frac{C_{yt}}{A_t \times K_t^{\alpha}} \right)^{\frac{1}{\beta}} \qquad (6.10)$$

DL_t 数量的劳动力是技术进步所节省的劳动力。因为 C_{yt} 是技术进步提高劳动生产效率和资本生产率而增加的产出,这部分产出实际上没有占用劳动量。但是如果没有技术进步,完全依靠劳动投入和资本投入来生产出 C_{yt},则需要 DL_t 的劳动力。所以 DL_t 劳动力是技术进步提高劳动生产率、资本生产率所减少的就业量。当然,劳动力生产率的提高也包括了资本对劳动的替代所减少的劳动需求。因为技术进步强化了资本对劳动的替代,随着资本替代劳动,劳动力需求减少,劳动的生产率就提高。所以说,DL_t 是技术进步提高劳动生产率和资本替代劳动所减少的就业。

第二节　技术进步的就业增加量

根据第一节的论述,技术进步除了提高生产率、减少就业和增加产出外,还由于产出的增加进一步扩大生产规模,从而吸收新的劳动力投入;还可以引起产业、行业、产品和管理方式的换代更新,从而引起劳动力需求的变动,它从长期来看扩大了就业产业、行业和门类,最终增加了劳动力需求。下面拟就技术进步扩大生产规

模和引起产业结构的转换对劳动力需求的影响进行计算。

一、生产规模的扩大增加就业量

产出用于消费和投资,消费和投资拉动供给的增加,从而提供更多的就业机会。总产出中由技术进步贡献产生的那部分也会按照一定的比例进行投资,转化为资本,为生产规模的扩大提供需求和供给的物质条件。生产规模的扩大需要更多的劳动投入,进而增加了劳动力的需求。

每年技术进步所形成的产量 C_{yt} 中,将有一部分用于投资。假定其用于投资的比例等于全社会固定资产投资总额占当年GDP 的比例 r_{it} ,那么, C_{yt} 按照 r_{it} 转化为资本的数量 K_{ct} 为:

$$K_{ct} = C_{yt} \times r_{it} \tag{6.11}$$

按照当年的全社会资本—劳动比 $\dfrac{K_z}{L_z}$,可以计算出与 K_{ct} 相对应的劳动需求量 IL_{1t} 为:

$$IL_{1t} = \frac{K_{ct}}{\left(\dfrac{K_z}{L_z}\right)} = (C_{yt} \times r_{it} \times L_z)/K_z \tag{6.12}$$

IL_{1t} 就是技术进步增加产出,产出转化为投资,进而扩大生产规模所增加的劳动力需求量。这是技术进步增加劳动力需求量的一种情况。

除了技术进步增加产出形成投资扩大就业外,非技术进步形成的投资扩大生产规模也是就业增加的主要源泉。全社会新增固定资本投资 K_{it} 减去技术进步引致的投资 K_{ct} ,余下的就是非技术进步所形成的新增投资 I_t 为:

$$I_t = K_{it} - K_{ct} \tag{6.13}$$

按照当年的资本—劳动比,新增加的投资必然吸纳相应的劳动就业,这样与 I_t 相对应的就业量 IL_{3t} :

$$IL_{3t} = \frac{I_t}{\left(\dfrac{K_z}{L_z}\right)} = I_t \times L_z / K_z \qquad (6.14)$$

因此,全社会由于生产规模扩大而新增加的就业总量 IL_t:

$$IL_t = IL_{2t} + IL_{3t} = (C_{yt} \times r_{it} + I_t) \times L_z / K_z \qquad (6.15)$$

二、产业结构变动引起的就业量变动

除技术进步和生产规模扩大两个因素之外的因素也会引起就业量的变动。在这些因素中主要是技术进步扩大范围经济,增加产业种类、部门种类和产品种类,引起新老部门、产品的更新和换代,对就业产生影响。技术进步对经济范围的"创造性破坏"所引起的就业量的变化最终也成为每年新增劳动力的一部分。另外,体制改革也将引起就业量的变化。假定除技术进步和生产规模扩大之外因素引起就业的变动量为 IL_{2t}。那么,每年的就业平衡公式就是:

$$NL_t = IL_t + DL_t + IL_{2t} \qquad (6.16)$$

NL_t 是每年实际新增加的就业量。所以有:

$$IL_{2t} = NL_t - (IL_t + DL_t) \qquad (6.17)$$

IL_{2t} 就是技术进步引起产业结构和产品结构变化,以及经济体制改革所引起的就业变化量。

三、技术进步的总就业效应

综合起来考察,技术进步对就业具有双重影响,既通过提高生产率减少劳动需求,又可以通过扩大生产规模和改变范围经济增加劳动需求。将两种作用结合起来就构成了技术进步对就业量的总效应。技术进步对就业量的最终影响 ΔL_t 等于就业损失量与就业增加量之差。由于考虑到技术进步对产业结构的影响度,所以技术进步的就业影响量存在最大影响和最小影响两个量。

$$(\max)\Delta L_t = DL_t - IL_{1t} \qquad (6.18)$$

$$(\min)\Delta L_t = DL_t - IL_{1t} - IL_{2t} \qquad (6.19)$$

$(\min)\Delta L_t$ 是技术进步的最小就业影响量;$(\max)\Delta L_t$ 是技术进步的最大就业影响量。

第三节　技术进步的就业效应分析

一、决定实际就业量的三因素

根据上面的计算公式,我们分别计算出了从 1978~2007 年的技术进步扩大生产规模增加就业量、技术进步引起产业结构变动增加的就业量、技术进步提高劳动生产率减少的就业量、其他投资扩大生产规模增加的就业量,以及每年实际新增就业量,见表 6-2。

从表 6-2 可以看出,决定实际就业量的因素主要有三个:技术进步提高生产效率,生产规模扩大,以及产业结构更新和体制变革。生产率提高对就业量具有很大的负效应,从 1978 年以来,它平均每年减少劳动力需求 5031.87 万人。技术进步提高劳动生产率减少就业量的变化也具有阶段性变化特征,20 世纪 80 年代到 90 年代前期,减少的就业量明显高于 20 世纪 90 年代以后,这说明中国的劳动生产率经历了从低水平向逐渐提高的迈进过程。

生产规模扩大对劳动力需求具有很强的吸收能力,从 1978 年以来,它平均每年增加就业机会 5656.82 万个,在抵消生产率提高减少的就业量后,还可以使就业增加。这表明,中国就业量的增加主要依赖于生产规模的扩大;生产规模的扩大来源于投资,也就是说,投资的扩张为中国创造了巨大的就业机会。投资源自两方面:一是要素投入的扩张产生的产出而形成的投资;二是技术进步提高生产率而产生的产出而形成的投资。相比较而言,技术进步贡献所形成的投资比其他投资要小得多,所以它创造的就业岗位也少得多。技术进步扩大生产规模年均增加就业量 1542.65 万个，而其他社会投资扩大生产规模增加的就业量是 4114.4 万个。这进一步表明,中国的就业机会主要由非技术进步贡献所扩大的生产规模创造。

表 6 - 2 决定就业总量的三因素(1978 ~ 2007 年)

年份	技术进步扩大生产规模增加就业量 IL_{1t} （万个）	其他投资扩大生产规模增加就业量 IL_{3t} （万个）	全社会生产规模扩大增加就业量 IL_t （万个）	技术进步提高生产率减少就业量 DL_t （万个）	生产规模扩大和生产率提高的总就业效应(增量)（万个）	每年实际新增就业量 NL_t （万个）	产业结构更新和体制改革所增加的就业量 IL_{2t} （万个）
1978	1483.28	1779.55	3262.83	3824	-561.17	775	1336.17
1979	663.09	2537.14	3200.22	2169	1031.22	872	-159.22
1980	679.88	2395.11	3074.99	1875	1199.99	1337	137.01
1981	-54.39	2829.72	2775.33	860	1915.33	1364	-551.33
1982	1060.34	1876.08	2936.42	2388	548.42	1570	1021.58
1983	1511.85	1611.16	3123.01	3780	-657.99	1141	1798.99
1984	1972.30	1661.27	3633.58	5280	-1646.42	1761	3407.42
1985	1910.99	2729.58	4640.57	4814	-173.43	1676	1849.43
1986	909.16	3677.94	4587.10	3007	1580.10	1409	-171.10
1987	1762.46	2771.79	4534.25	4437	97.25	1501	1403.75
1988	1725.50	3070.21	4795.71	4405	390.71	1551	1160.29
1991	1921.41	2884.51	4805.92	4986	-180.08	890	1070.08
1992	3056.76	2516.18	5572.94	8472	-2899.06	755	3654.06
1993	2974.43	3531.33	6505.76	8024	-1518.24	819	2337.24
1994	2754.84	4215.91	6970.76	7579	-608.24	826	1434.24
1995	2059.11	4951.81	7010.92	6311	699.92	748	48.08
1996	1624.53	5398.95	7023.48	5611	1412.48	903	-509.48
1997	1419.22	5430.31	6849.53	5311	1538.53	750	-788.53
1998	859.36	6213.54	7072.89	5072	2000.89	357	-1643.89

年份	技术进步扩大生产规模增加就业量 IL_{1t}（万个）	其他投资扩大生产规模增加就业量 IL_{3t}（万个）	全社会生产规模扩大增加就业量 IL_t（万个）	技术进步提高生产率减少就业量 DL_t（万个）	生产规模扩大和生产率提高的总就业效应（增量）（万个）	每年实际新增就业量 NL_t（万个）	产业结构更新和体制改革所增加的就业量 IL_{2t}（万个）
1999	153.65	6614.90	6768.55	3597	3171.55	1437	-1734.55
2000	1206.41	5548.39	6754.79	5017	1737.79	691	-1046.79
2001	659.33	6310.37	6969.71	4465	2504.71	940	-1564.71
2002	1139.21	6248.64	7387.85	5344	2043.85	715	-1328.85
2003	1464.51	6818.90	8283.40	6312	1971.40	692	-1279.40
2004	1122.50	7744.02	8866.53	6305	2561.53	768	-1793.53
2005	4069.24	5601.01	9670.25	11581	-1910.75	625	2535.75
2006	4521.49	5288.77	9810.26	8407	-1403.26	675	2078.26
2007	4487.92	5408.55	9896.47	8528	-1368.47	590	1958.47
平均	1542.65	4114.40	5656.82	5031.87	625.01	1033.58	408.57

注：由于1990年的人口普查数据使人口的数据差了7000万，因此劳动就业的数据在1989年和1990年之间的变化出现了巨大的跳跃。这使得1989年和1990年的数据失去了可比性，属异常值，因此分析时将其忽略。

数据来源：《经济数据特供系统》，数据检索入口：http://data.xinhuaonline.com；2005年以后的数据来源于《中宏数据库（教育版）》，检索入口：http://edul.macrochina.com.cn。

　　将生产率的就业损失效应与生产规模的就业创造效应同时考察时，我们发现，在1994年以前，基本是生产率的损失效应大于生产规模的创造效应，使它们共同影响的就业总量在多数年份是减少的；1994年以后，生产率的损失效应小于生产规模的创造效应，它们共同影响的就业量都是增加的。这反映出在改革初期劳动生产率较低，但在20世纪80年代和90年代前期得到较大提高，到20世纪90年代后期以来，劳动生产率在已经大幅度提高后转变为较小幅度提高。所以，生产率的损失效应前期大，后期小。与此同时，1994年以前中国主要发展轻工业和乡镇集体企业，这类投资当然要小于 20 世纪 90 年代后期以来的重工业投资,所以生产规模的创造效应前期小,后期大。

另外,产业结构更新和体制改革对就业的影响具有明显的阶段性。1978～1995 年间,产业结构更新和体制改革对就业的影响主要是增加就业量,而 1995 年以后主要是减少就业量;但总体来看,平均每年增加就业量408.57 万个。这表明,技术进步的"创造性破坏"作用在不同时期效应存在差异,20 世纪 80 年代的就业的结构性"创造效应"大于"破坏效应",而 20 世纪 90 年代则相反。同时也说明,20 世纪 90 年代新行业、新部门的扩张所增加的就业少于旧行业、部门衰退减少的就业量。

二、技术进步的就业效应

根据前面的分析,广义的技术进步对就业的影响,包括产业结构更新和体制改革对就业的影响。那么,技术进步对就业的总的影响力量来自三个方面:技术进步提高劳动生产率,技术进步扩大生产规模,以及产业结构和体制改革。产业结构和体制改革对就业的影响难以直接测算,我们通过计算"余值"的方法得到其结果。实际上,这个余值除了产业结构和体制改革的影响外,还包含了其他没有列举的因素的影响。所以说,技术进步对就业的影响要小于三者之和。利用有关数据,计算的有关结果列表于表 6－3。

从理论分析,技术进步的就业创造效应表现为它扩大生产规模增加的就业和扩大范围经济增加的就业,即等于生产规模扩大增加的就业量与产业结构更新增加的就业量之和。由于技术进步提高生产率产生的就业损失效应远远大于它的就业创造效应,所以,技术进步对就业量的最终影响表现为就业减少。

表 6-3 技术进步的净就业效应 (1978~2007 年)

年份	技术进步提高生产率减少的就业量 DL_t（万个）	技术进步扩大生产规模增加的就业量 IL_{1t}（万个）	技术进步净减少就业量（max）ΔL_t（万个）	产业结构和体制改革增加的就业量 IL_{2t}（万个）	技术进步净减少的就业量（min）ΔL_t（万个）
1978	3824	1483.28	2340.75	1336.17	1004.58
1979	2169	663.09	1506.01	-159.22	1665.23
1980	1875	679.88	1194.68	137.01	1057.68
1981	860	-54.39	913.94	-551.33	1465.27
1982	2388	1060.34	1327.95	1021.58	306.36
1983	3781	1511.85	2269.24	1798.99	470.25
1984	5280	1972.30	3307.49	3407.42	-99.93
1985	4814	1910.99	2903.36	1849.43	1053.92
1986	3007	909.16	2097.50	-171.10	2268.60
1987	4437	1762.46	2674.55	1403.75	1270.80
1988	4405	1725.50	2679.12	1160.29	1518.83
1991	4986	1921.41	3064.41	1070.08	1994.33
1992	8472	3056.76	5415.12	3654.06	1761.06
1993	8024	2974.43	5049.25	2337.24	2712.01
1994	7579	2754.84	4823.81	1434.24	3389.57
1995	6311	2059.11	4252.37	48.08	4204.28
1996	5611	1624.53	3986.60	-509.48	4496.08
1997	5311	1419.22	3892.07	-788.53	4680.61
1998	5072	859.36	4212.53	-1643.89	5856.42
1999	3597	153.65	3443.78	-1734.55	5178.33
2000	5017	1206.41	3810.89	-1046.79	4857.68
2001	4465	659.33	3806.05	-1564.71	5370.76
2002	5344	1139.21	4205.16	-1328.85	5534.01
2003	6312	1464.51	4847.98	-1279.40	6127.38

年份	技术进步提高生产率减少的就业量 DL_t（万个）	技术进步扩大生产规模增加的就业量 IL_{1t}（万个）	技术进步净减少就业量（max）ΔL_t（万个）	产业结构和体制改革增加的就业量 IL_{2t}（万个）	技术进步净减少的就业量（min）ΔL_t（万个）
2004	6305	1122.50	5182.84	−1793.53	6976.36
2005	11581	4069.24	7512.17	2535.75	4976.42
2006	8407	4521.49	3885.87	2078.26	1807.61
2007	8528	4487.92	4039.71	1958.47	2081.24
平均	5031.87	1542.65	3489.22	408.57	3080.65

注：由于1990年的人口普查数据使人口的数据差了7000万，因此劳动就业的数据在1989年和1990年之间的变化出现了巨大的跳跃。这使得1989年和1990年的数据失去了可比性，属异常值，因此分析时将其忽略。

数据来源：由国家信息中心数据中心与新华在线信息技术有限公司合作提供的《经济数据特供系统》，数据检索入口：http://data.xinhuaonline.com；2005年以后的数据来源于《中宏数据库（教育版）》，检索入口：http://edul.macrochina.com.cn。

如果技术进步的就业创造效应只包括生产规模扩大增加的就业量，那么可以得到技术进步减少就业量的最大值，即表6-3中的（max）ΔL_t，从1978～2007年，平均每年减少就业量3489.22万个。如果技术进步的就业创造效应包括生产规模扩大增加的就业量和产业结构更新增加的就业量，那么可以得到技术进步减少就业量的最小值，即表6-3中的（min）ΔL_t，从1978～2007年，平均每年减少就业量3080.65万个。

第四节 小 结

通过分析产出的贡献构成，我们不仅发现技术进步极大地提高了劳动生产率，而且发现资本替代劳动的程度也很高。劳动生产率对产出的贡献远远大于资本生产率的贡献，资本投入对产出的贡献远远大于劳动投入的贡献。这表明，技术进步提高了劳动

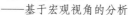
生产率,使单位产出耗费的劳动越来越少,而技术进步对改善资本生产率的效果不大,以至于单位产出所需要的资本增加,最终形成了资本对劳动的替代。资本替代劳动的结果是,劳动生产率越来越高,劳动生产率对产出的贡献逐渐提高。因此,技术进步提高劳动生产率既包括劳动生产率的直接提高,也反映了资本替代劳动的结果。

从决定就业量的三个宏观因素来看,技术进步提高劳动生产率产生了净就业损失效应,生产规模形成了净就业创造效应,产业结构更新和体制改革导致就业的损失效应与创造效应交替出现。三种力量的均衡结果反映,中国的就业是投资驱动型就业,投资扩大生产规模创造了就业机会。技术进步对就业的效应叠加在投资的就业创造效应之上而产生作用。

技术进步对就业的净影响表现为减少就业,即就业损失效应。技术进步一方面提高劳动生产率减少就业,另一方面增加产出扩大投资增加就业,同时创造出新的产业和部门扩大经济范围增加就业,但是其减少的就业量超过了增加的就业量,因而最终表现为净就业量损失,平均每年净减少就业量3000万~3500万。

第七章　技术进步的就业总效应与宏观经济关系

宏观经济关系是指产出、就业与物价之间的传导关系。宏观经济关系一般用"特征事实"来描述和刻画，并且有主流经济理论予以解释。对于宏观经济关系中的非"特征事实"，主流理论难以作出令人信服的解释。技术进步的就业效应理论可以有效地解释这两种类型的宏观经济现象。根据技术进步的就业效应理论，生产规模、技术进步的就业总效应和产品市场的供求状况三个因素是动态变化的，它们的不同组合形成多种形态的宏观经济现象。就"高增长、低就业和低物价"现象而言，它们是在生产规模不断扩大的条件下，技术进步的就业总效应为负，产品市场严重供过于求的结果。这一点可以从中国的数据中得到验证。

第一节　宏观经济关系

自古典经济学产生以来，经济增长、就业与物价的关系一直成为经济学考察的主要内容。古典经济理论假定商品市场和劳动力市场是完全竞争的，工资和价格具有完全弹性，失业是暂时的，经济会自动恢复到充分就业的均衡。20世纪早期的宏观经济学将经济周期视为该学科的中心问题。[1]　在费里希（1937）为《计量经

---

[1]　Haberler, Gottfried: *Prosperity and Depression* Cambridge, MA: Harvard University Press, 1937, p. 271.

济学》创刊号所作的"编者按"中，他把经济周期视为经济学的四个主要领域之一。[1] 20 世纪 30 年代，因大萧条而诞生的凯恩斯经济理论从三大心理定律出发，证明由于有效需求不足，经济只能实现低于充分就业的均衡。后来的货币主义和新古典主义进行了"凯恩斯革命"，关心的是力图理解产量、就业和价格水平的不稳定性，转而强调市场机制的自我恢复充分就业的能力。到了 20 世纪 80 年代，从新古典宏观经济理论中衍生出真实经济周期理论，该理论从供给方面寻找影响产出、就业与物价等变量的真实因素。20 世纪 90 年代兴起的新凯恩斯主义力图将凯恩斯主义与新古典主义融合在一起，结合供给与需求两个方面来考察产出、就业与物价这些变量及其相互关系。

正因为其历史和现实的重要性，所以经济增长、充分就业、物价稳定和国际收支平衡一直被视为宏观经济学的的四大目标。在封闭条件下，宏观经济围绕经济增长、就业和物价展开，并且经济增长、就业和物价之间产生了一定的相互依赖、制约关系。我们将经济增长、就业和物价之间的传导关系称做宏观经济关系。[2] 宏观经济关系表现为经济增长、失业下降、物价上升；或者相反，经济衰退、失业增加、物价下降。这种传导关系具体可以用奥肯定律和菲利普

---

[1]　Frisch, Ragnar. : "Propagation Problems and Impulse Problems in dynamic Economics", in Economic Essays in Honour of Gustav Cassel, London: Allen and Unwin, 1933, p. 4.

[2]　宏观经济关系是产出、就业、物价和国际收支之间的传导关系，而不是任何其他一组宏观经济变量之间的传导关系，这是因为宏观经济关系变量能刻画和识别宏观经济运行状态。主要宏观经济变量很多，除了产出、就业、物价和国际收支之外，还有投资、消费、资本积累、储蓄、存货、货币供给量和利率，等等。不同宏观经济变量的功能也不同。产出、就业、物价和国际收支是目标性变量，或者说，是宏观经济运行结果的识别指标。而其他变量，如消费、投资等是工具性变量，是实现目标性变量的手段；从另一个角度来说，它们运行适度与否，还需要借助结果性变量来检测。

斯曲线来刻画,即使是在 20 世纪 70 年代的"滞胀"时期,附加预期的菲利普斯曲线和奥肯定律仍然是描述宏观经济关系的工具。

　　宏观经济关系与经济周期的刻画是一致的。无论是古典经济周期还是现代经济周期,都是将产出作为基本变量来描述经济波动的。随着产出的绝对水平和相对水平的变化,就业、物价和国际收支发生联动变化,并且它们之间的关系比较稳定,因此,这些变量也成为反映经济周期波动的基准变量,于是出现了经济增长理论和周期理论所提出的"特征事实"。从经济波动来看,研究者们广泛认同的"特征事实"包括:产量不断波动并且呈现出明显的系统性;就业顺周期,但就业量波动幅度小于产量的幅度;实际工资微弱顺周期,但工资在 GDP 中所占份额是逆周期的;非耐用消费顺周期,但较产量的波动幅度小;耐用消费和投资顺周期,且比产量波动剧烈;狭义货币和广义货币均是顺周期;价格水平是逆周期的并且领先于周期;①利率是随机的(非周期)。对于这些特征事实,经济增长理论和经济周期理论都建立了相应理论进行了解释,并已经得到大量的经验研究的证明。

　　但是,自 20 世纪 70 年代以来,我们经常遭遇许多与"特征事实"相悖的经济事实。它们包括"滞胀"、"高增长低就业"、"高增长低物价"以及"高增长、低就业与低物价"等宏观经济现象。而且这些非"特征事实"的存在具有普遍性和持续性。不仅仅中国存在"高增长低就业"现象,存在同样现象的还有美国和欧洲的一些国家,亚洲的一些高速增长的经济体更是如此。这不是一种短期现象,它一般延续一年甚至几年的时间。

　　由此可见,到目前为止出现的宏观经济关系有两种:一种是与"特征事实"一致的宏观经济关系,可称为典型的宏观经济关系;另一种是与其不一致的宏观经济关系,亦可称为非典型的宏观经

---

　　①　关于价格水平的逆周期性或者顺周期性存在争论,这在前面亦有论述。

济关系。典型的宏观经济关系可以由经济周期理论和经济增长理论进行解释。对于非典型的宏观经济关系,主流经济学还没有形成一个有代表性的解释理论,只不过是对传统理论进行改造并加以运用而已。20世纪70年代西方世界出现的"滞胀",原有解释只是在传统理论基础上加入了"石油冲击";20世纪90年代美国出现的"索洛悖论",原有解释只是在传统理论上加入了信息经济的冲击。对于当前普遍存在的"高增长、低就业与低物价"现象,还没有形成一个有力的解释框架。所以,更不用说存在一个理论同时解释典型和非典型宏观经济现象。

第二节　宏观经济关系的诠释

不过,我们上面所构建的技术进步的就业效应理论不仅可以解释典型宏观经济关系,而且还可以解释非典型宏观经济关系。

资本积累和技术进步必将促进经济增长,这是毋庸置疑的。亚当·斯密的增长理论已经证明资本积累和社会分工在经济增长中的重要性;而哈罗德—多马模型证明,在资本产出比不变的条件下,资本积累是实现经济持续增长的条件。以索洛—斯旺模型为代表的新古典增长模型认为,资本积累只有水平效应,技术进步有增长效应。当然,他们将技术进步作为外生变量看待。不过这个模型成为解释经济增长的经典理论。20世纪80年代,新古典增长理论演进成为内生增长理论,并且内生增长理论在新增长文献中居于支配地位;[1]在一些内生增长模型中,广义资本积累是收益不变的,而且物质资本和人力资本的投入可以持久地提高人均产量的增长。另一些模型强调内生创新,并拒绝接受在一个不完全

---

①　Pack, Howard: "Endogenous Growth Theory, Intellectual Appeal and Empirical Shortcomings", *Journal of Economic Perspectives*, winter, 1994, p. 8.

竞争的经济环境中可以普遍地获得技术的思想。

　　然而,经济增长并没有带来就业的快速增加,这是已有理论难以解释的。在强调技术进步的宏观经济理论中,即使是早期的熊彼特"创新理论"和近期的真实经济周期理论,它们一致认为,技术进步是经济周期的冲击之源,在技术进步推动的经济周期中,增长、就业和物价的变动符合典型的宏观经济关系。但是,技术进步的就业效应理论可以弥补它们的不足。

　　根据技术进步的就业效应理论,就业量是由生产规模和技术进步共同决定,并且生产规模是基础性的决定因素。在劳动生产率一定的条件下,随着生产规模的扩大,就业量必定增加。但是,叠加了技术进步的就业总效应之后,每年新增就业量不等于生产规模扩大增加的就业量,而是在此基础上有所增加或者减少。因此,与经济快速增长相伴随的是三种就业量变化情况:新增就业量大于零,新增就业量小于零,新增就业量等于零。于是形成宏观经济关系的两种形态:高增长高就业,高增长低就业。也就是说,与经济增长相伴随的是,有的年份新增就业量增加,有的年份新增就业量减少,有的年份新增就业量不变。到底新增就业量上升还是下降,或者出现宏观经济关系的哪种形态,决定于技术进步的就业总效应。根据前面的测算结果,中国的技术进步的就业总效应是负值,所以出现"高增长低就业"的非典型宏观经济现象。

　　技术进步的就业效应理论还可以解释与高增长相伴随的两种物价情况。物价决定于两方面:一是生产成本,二是产品市场的供求状况。从产品需求方面来看,高增长意味着高产出和高供给,供给过快,甚至达到供给过剩,必然从需求方面产生价格下降的压力。从生产成本来看,物价的成本当中主要是劳动力成本,即劳动工资率。工资率决定于劳动力市场的供求,在劳动力需求减少的条件下,工资率没有升高的推动力,因此工资率也不会上升。较低的工资率不会从成本方面产生推动物价上涨的力量。因此,低就业容易形成低物价。低工资率进一步降低了劳动收入,从而减少了居民的消费需求,消费需求的下降进一步使供给超过需求,加速了价格的下降。由此观之,与高增长、低就业相伴随的必然是低物价。从中国的实际情况来看,不仅存在"低就业",而且从 20 世纪 90 年代中期开始,产品市场从供给约束向需求约束转变,所以最终形成"高增长低物价"现象。

高增长、高就业与高物价仍然适用于技术进步的就业效应理论。高增长带来高供给,从而从需求方面产生促使物价下降的力量。但是,高就业提高了工资水平,从成本方面推动物价的上涨。由于工资的上涨增加了劳动收入,劳动收入转化为需求的增加,从而减少了需求不足的幅度,进而缓解了需求不足的物价下降因素。因而,最终出现高增长、高就业和高物价的"特征事实"。

由此可见,宏观经济关系决定于生产规模、技术进步的就业总效应和产品市场供求态势,它们的不同组合形成不同的宏观经济关系。在投资规模扩大和技术进步的增长率为正值的条件下,形成以经济快速增长为主导的宏观经济关系,见表 7-1;在投资规模缩小和技术进步的增长率为负的条件下,形成以经济衰退为主导的宏观经济关系,见表 7-2。综合表 7-1 和表 7-2,我们发现,无论哪种宏观经济现象的出现,技术进步的就业总效应始终起着核心作用,它的大小直接决定着就业和物价的变动方向。

表 7-1　投资规模扩大、技术进步的增长率为正时的宏观经济关系

技术进步的就业总效应 ＼ 产品市场的供求态势	产品市场供过于求	产品市场供不应求
技术进步的就业创造效应大于就业损失效应	高增长、高就业、低物价	高增长、高就业、高物价
技术进步的就业创造效应小于就业损失效应	高增长、低就业、低物价	高增长、低就业、高物价

表7-2　投资规模缩小、技术进步的增长率为负时的宏观经济关系

产品市场的 供求态势 技术进步的 就业总效应	产品市场供过于求	产品市场供不应求
技术进步的就业创造效应大于 就业损失效应	低增长、高就业、 低物价	低增长、高就业、 高物价
技术进步的就业创造效应小于 就业损失效应	低增长、低就业、 低物价	低增长、低就业、 高物价

第三节　高增长与低物价

在技术进步的就业效应之测算和宏观经济关系之诠释中,我们已经运用技术进步的就业效应理论揭示了"高增长低就业"的成因,下面从实证的层面进一步揭示"高增长低物价"的成因,以便形成一幅完整的技术进步冲击宏观经济关系的图景。

一、低工资根源于低就业

工资是劳动的价格,由劳动力市场的供给和需求共同决定。劳动力供给大于需求,工资下降;劳动力供给小于需求,工资上升。中国的劳动力市场经过二十多年的发展,已经具有很高的竞争程度,企业工人工资基本能反映市场供求状况。

中国是一个人口大国,虽然实施了计划生育政策,人口增长速度放慢,但人口总量和劳动力总量仍然在不断增加。中国的劳动力供给由三部分组成。一是每年新增加劳动力,它由劳动年龄人口与劳动参与率决定,是劳动力供给的主要来源。中国新增劳动力不仅基数大,而且增长迅速,从1977～2007年间,平均每年新增劳动力1021.68万人(见表7-3)。二是农村剩余劳动力的转移。

表 7 - 3　每年新增劳动力与新增就业量(1977～2007 年)

年份	新增劳动力 (万人)	新增就业量 (万人)	年份	新增劳动力 (万人)	新增就业量 (万人)
1977	1004.74	543	1994	985.67	826
1978	1000.60	775	1995	800.52	748
1979	1025.78	872	1996	879.76	903
1980	991.20	1337	1997	795.53	750
1981	1121.86	1364	1998	708.13	357
1982	1249.55	1570	1999	782.04	757
1983	1268.81	1141	2000	711.99	691
1984	1205.38	1761	2001	745.58	940
1986	1496.36	1409	2002	602.60	715
1987	1482.62	1501	2003	702.39	692
1988	1496.42	1551	2004	854.19	768
1989	1325.89	995	2005	1130.53	625
1991	1169.73	890	2006	367.00	675
1992	1053.72	755	2007	401.00	590
1993	992.08	819	平均	1021.68	965

注:由于 1985 年和 1990 年的统计数据悬殊太大,故表中略去不考虑。
数据来源:《中宏数据库(高教版)》检索入口:http://edul.macrochina.com.cn。

在改革开放以前,农村富余劳动力以隐性失业的形式凝固在农业部门,随着劳动力市场的形成和劳动用工制度的改革,这些隐性失业人员逐步释放出来,成为非农部门的劳动力来源。据农业部测算,农村人口占全国 13 亿人口的 57%,其中大约 1.5 亿～2 亿剩余劳动力需要向非农领域转移。三是城市存在着的大量下岗和失业人口。国有企业改革将潜藏于第二产业的隐性失业人员显性化,使他们成为下岗需要再就业的人员。1998 年至 2000 年年底,全国累计有 2300 万国有企业职工下岗。仅 2000 年,国有企业(含

国有联营企业、国有独资企业)下岗职工 657 万,比上年增长 417
万;如果再加上城镇集体企业和其他企业的下岗职工,1999 年全
国共有下岗职工 941 万多,2000 年新增下岗职工 512 万多,截至
2000 年年底,全国仍然实有下岗职工 911 万多人。① 这三股力量
构成了中国当前劳动力供给的来源,不仅供给量大,而且呈上升趋
势。据社科院 2005 年的一份研究报告显示,以后的 15 年中,我国
劳动力资源仍然很丰富,劳动力总量预计到 2021 年才会开始
减少。

　　在劳动力供给充分的同时,劳动力需求并没有快速增长,而是
缓慢增加。1978 年以来,中国投资规模迅速扩大,技术水平不断
提高,劳动力需求虽然逐年增加,但由于技术进步的就业总效应为
负,抵消了生产规模扩大所增加的就业,劳动力需求增长缓慢,从
1988 年以来新增就业量呈下降趋势。1978~2007 年,平均每年新
增就业量 965 万(见表 7-3),完全不足以吸纳每年新增的劳动力
数量 1021.68 万,更不用说农村剩余劳动力的转移和城市下岗劳
动力的再就业。在不考虑剩余劳动力转移和下岗再就业劳动力的
供给的情况下,仅仅每年新增劳动力就基本上超过了经济增长对
劳动力的需求,见图 7-1。图 7-1 显示,除了 1980~1988 年和
2001、2002 年外,其余年份,新增劳动力超过了新增就业量。这说
明,在其余的二十多年里新增劳动力供给大于劳动力需求。如果
考虑剩余劳动力转移和下岗再就业的劳动力供给量,那么,劳动力
供给过剩的格局非常严重。因此,尽管经济增长很快,但劳动力供
大于求的总体格局并未改变,据测算,中国目前年度劳动力供过于
求约 1500 万人左右,就业压力仍然是我国面临的最大难题之一。
因此,《中华人民共和国国民经济和社会发展第十一个五年规划》

---

① 劳动和社会保障部:《中国劳动和社会保障年鉴》,中国劳动和社会保障
出版社 2001 年版,第 109 页。

在"提高人民生活水平"一章中首先提出的就是要千方百计扩大就业,要求"把扩大就业摆在经济社会发展更突出的位置,实行积极的就业政策,统筹城乡就业,努力控制失业规模"。

在劳动力严重供过于求的格局下,工资必然处于低水平,直到供过于求的格局得以改变或者依靠非市场力量提高工资。实际上,自 1978 年以来,尽管中国 GDP 高速增长、投资报酬率很高,但是工人工资的绝对水平和增长速度都很低。

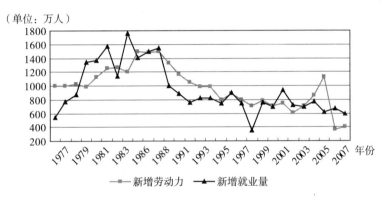

图 7-1　每年新增劳动力与新增就业量

注:由于 1985 年和 1990 年的统计数据悬殊太大,故略去不考虑。

数据来源:《中宏数据库(高教版)》,检索入口:http://edul.macrochina.com.cn。

二、低工资的表现形式

由于劳动力供给过剩和劳动力需求不足,所以工人工资的绝对水平和增长速度都很低。正是因为劳动力的低工资降低了产品的生产成本,进而降低价格,提高了中国产品在国际市场上的竞争力,成就了中国"世界工厂"的美誉。长期以来的低工资水平可以从以下几方面进行考察。

随着改革开放的深入和国民经济持续快速发展,中国职工整

体收入水平不断提高,年平均工资从 1978 年的 615 元上升到 2005
年的 18405 元,增长近 30 倍。但是企业职工工资增长缓慢、横比
工资水平过低的状况是客观存在的。从宏观上看,我国职工工资
收入在国民总收入中的比重偏低。从表 7 - 4 可以看出,职工工资
收入在 GDP 中所占比重均在 17.1% 以下,而且呈现出下降的趋
势,从 20 世纪 70、80 年代的 15% 或 16% 下降到 2005 年的 10%。
根据《中国统计摘要(2006)》有关数据测算,2005 年,我国实现
GDP18 万亿元,全国城市居民可支配收入为 4.8 万亿元,但职工
工资总额只有 1.9 万亿元,只占 GDP 的 11%,占城市居民可支配
收入的 40%,另有 2.9 万亿元(约占城市居民可支配收入的60%)
通过非工资渠道被分配了。另外,工资增长速度低于 GDP 增长速
度。表 7 - 4 表明,在 1999 年以前,尽管 GDP 增长很快,但是工资
增长率很低,都低于 GDP 增长速度;只是从 1999 年以后,工资增
长速度超过 GDP 增长速度。即使这样,也不能说明工资增长很
快,因为在 1999 年以前工资的基数很低,它的最高增长幅度仍然
低于 GDP 的最低增长幅度。

表 7 - 4　工资在 GDP 中的比例与工资增长率(1978 ~ 2007 年)

年份	工资总额在 GDP 中的占比(%)	在岗职工平均工资(元)	职工平均实际工资增长率(%)	GDP 增长率(%)
1978	15.70	615	6	11.7
1979	16.01	668	6.6	7.6
1980	17.10	762	6.1	7.8
1981	16.86	772	- 1.2	5.2
1982	16.66	798	1.3	9.3
1983	15.75	826	1.5	11.1
1984	15.81	974	14.8	15.3
1985	15.43	1148	5.3	13.2

年份	工资总额在GDP中的占比(%)	在岗职工平均工资(元)	职工平均实际工资增长率(%)	GDP增长率(%)
1986	16.27	1329	8.2	8.5
1987	15.72	1459	0.9	11.5
1988	15.52	1747	−0.8	11.3
1989	15.49	1935	−4.8	4.2
1990	15.91	2140	9.2	4.2
1991	15.38	2340	4.0	9.1
1992	14.79	2711	6.7	14.1
1993	14.19	3371	7.1	13.1
1994	14.24	4538	7.7	12.6
1995	13.85	5500	3.8	9.0
1996	13.38	6210	3.8	9.8
1997	12.63	6470	1.1	8.6
1998	11.87	7479	7.2	7.8
1999	12.03	8346	13.1	7.2
2000	11.91	9371	11.4	8.4
2001	10.79	10870	15.2	7.2
2002	10.94	12422	15.5	8.9
2003	10.85	14040	12.0	10.2
2004	10.57	16024	10.5	10.1
2005	10.80	18364	12.8	10.4
2006	10.98	21001	12.7	11.6
2007	11.32	24932	13.6	11.9

数据来源:《中宏数据库(高教版)》,检索入口:http://edul.macrochina.com.cn。

从微观上分析,问题更为严重。一是企业职工工资增长缓慢,甚至几年没有增长。据全国总工会2005年对10个省份中的20个市(区)1000个各种所有制企业以及1万名职工的问卷调查,

2002 年至 2004 年三年中,职工工资低于当地社会平均工资的人数占 81.8%,比上一个三年(1998~2001 年)增加了 28 个百分点;只有当地社会平均工资一半的占 34.2%,比上一个三年(1998~2001 年)增加了 14.6 个百分点。更有甚者,还有 12.7% 的职工工资低于当地最低工资标准。① 这次调查还发现,2002~2004 年三年中,港澳台资企业年均效益增长 33%,而职工工资增长为零,企业巨大的经济效益,在职工收入中没有一点体现。而据中国财贸轻纺烟草工会对天津等 5 个城市的纺织企业调查,90% 的企业职工工资三年分文未涨。二是企业普通职工与经营者工资收入相差悬殊。国务院国资委的调查显示,中央企业 2002 年二者的差距为 12 倍,2003 年就扩大到 13.6 倍;据国务院发展研究中心 2004 年对 1883 家各类企业调查,企业总经理与普通职工年平均收入相差 3~15 倍的占 61.2%,相差 15~25 倍的占 14%,相差 25~50 倍的占 7.4%,相差 50 倍以上的占 6.4%。三是企业工资分配秩序混乱。比如,劳动定额畸高,职工必须加班才能得到基本工资;压低计件工资单价,职工尽管加班加点,但工资仍然偏低;大量使用劳务派遣工,存在着派遣单位和用工单位双重扣减职工(主要是农民工)收入的现象等等。据中国国防邮电工会调查,电信行业的劳务派遣工收入只有同岗正式职工的 1/3。另外,拖欠职工工资和不依法给职工缴纳社会保险的现象依然存在。因此,企业职工收入虽然近年有所增加,但在整个社会收入分配格局中,企业职工仍是收入最低的群体之一。

低工资的最好例证就是近年出现的"民工荒"。引发人们对中国现有工资水平重新思考的直接诱因,应该是珠三角、长三角的

---

① 中国几乎所有地区都引进了最低工资制度,广东省的最低工资规定每月为 510 元,不仅低于上海市(635 元)和江苏省(620 元),而且还低于山西省(520元)等部分内陆地区。

"民工荒"现象。劳动和社会保障部提供的情况表明,"民工短缺"主要发生在珠三角、闽东南、浙东南等加工制造业聚集地区。珠三角地区为广东省现有 1900 多万民工的主要集中地,也是缺工最为严重的地区,有近 200 万人的缺口,缺工比率约为 10%。其中,深圳现有民工 420 万,缺口约 40 万。东莞 1.5 万家企业缺工近 27 万人。在福建,泉州、莆田两市用工缺口共约 10 万人。浙江温州等用工较多城市均存在不同程度的招工难问题。据新华社消息,一度仅在个别企业、地方出现的用工短缺正在国内多个地区迅速波及,并逐步演变为局部地区的"民工荒"。目前,珠江三角洲等一些重点地区的用工缺口已近 10%。

　　根据前面的劳动力供求状况分析和众多的调研材料证明,中国绝对不会出现劳动力不足的问题,所以,"民工荒"并不是证明劳动力短缺,而是低工资水平的直接写照。

　　基本一致的观点认为,工资水平长期偏低是造成局部地区"民工荒"的主要原因。2004 年广东省"民工基本状况调查"显示:民工月收入在 800 元以下的占总调查人数的 48.2%,1200 元以下的占 78.7%。而同期广东全省在职职工月平均收入为 1675 元。有研究显示,最近 12 年来,珠三角民工月工资仅仅增长了 68 元,折合物价上涨因素,实际上呈下降趋势。再加上拖欠工资的发生,农民工的经济状况更是困难。而同时农民工的生活成本、子女就学、养老、医疗支出却在不断增长,打工收益甚至难以维持劳动力简单再生产。佛山不少企业外来工月工资在 10 年前就已达到 600～1000 元,但目前仍维持该水平。广东、福建等省实际工资水平甚至有所下降。目前广东民工的月平均工资比江苏低 160 多元。用工不规范、劳工权益受侵害也是局部地区产生用工短缺的重要因素。《中国经济周刊》调查显示,在无锡、苏州和上海等长三角地区,民工工资收入大都在每月 600～1200 元,平均工资水平和珠江三角洲地区相当,略高于中西部地区。

中国的 GDP 增速虽是发达国家的好几倍,但工资增速却远落后于这个幅度。日本在经济快速增长时期,其工资的增长速度比美国快 70% ,到 1980 年就已经与美国持平,完成这一历程大概用了 30 年时间;而从 1978 年到 2004 年,中国经济也高速增长了近 30 年,工资却只有美国的 1/20、日本的 1/24。在制造业,中国的劳动力价格甚至比 20 世纪 90 年代才开始快速增长的印度还要低 10% 。

第四节　价格决定

价格决定于两个方面:一是生产成本,二是产品的供求状况。在生产成本中主要是劳动力成本。在劳动力工资很低的情况下,不会产生成本推动型的物价上涨压力。此时物价的变化决定于产品市场的供求状况。当产品市场供不应求时,仍然会出现需求拉动型的物价上涨;当产品市场供不应求时,供给过剩会进一步压低市场价格,因此,价格下降。

一、价格的成本决定

企业产品价格是根据成本加成方法确定,在众多的成本中,劳动力工资成本是最主要的成本,因此,一般将价格决定公式表示为:

$$P = W \times (1 + u) \tag{7.1}$$

式中 P 是产品价格,W 是工资,u 是成本加成。而工资 W 又是由失业率、预期通货膨胀率和影响工资的综合因素决定。下式中 P^e 是预期通货膨胀率,Y 是总产出,N 表示就业量,Z 表示影响工资的综合因素(如最低工资规定)。

$$W = P^e \times F(1 - \frac{Y}{N}, Z) \tag{7.2}$$

由此看来,工资作为企业的主要生产成本,直接决定着企业产品价格的高低。工资水平较低时,产品价格也较低;工资水平上升,产品价格也会上涨。尽管中国劳动力市场的市场化程度不高,但是也能基本反映出工资对产品价格的主要决定关系。

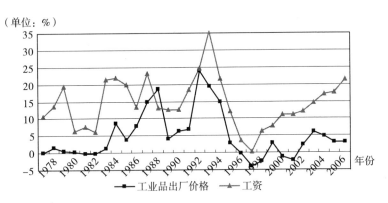

图7-2 工业品出厂价格与工资变化率

数据来源:由国家信息中心数据中心与新华在线信息技术有限公司合作提供的《经济数据特供系统》,数据检索入口:http://data.xinhuaonline.com;2005年以后的数据来源于《中宏数据库(教育版)》,检索入口:http://edul.macrochina.com.cn。

由于工业品出厂价格基本是根据成本加成方法制定,因而它也最能够体现出与工人工资的关系。利用1978~2007年的工业品出厂价格变化率和工资的增长率(上年=100)作图7-2。从图7-2中可以看出,工业品出厂价格变化率与工资变化率的变动方向和趋势基本一致。1978~1994年间,工业品出厂价格的变化率滞后于工资变化率(滞后期大约是1年),跟随着工资变化率的变化而变化。1994年以后,这种滞后关系在时间上不明显,但是两个变量都表现出先大幅度下降后缓慢上升的走势,这说明,两个变量之间的关系更紧密,它们的滞后期缩短,工业品出厂价格紧随工资变化而联动,这也是劳动力市场和产品市场市场化程度提高的表现。另外,工业品出厂价格变化与工资变化之间的关系还可以从图 7 - 3 反映出来。图 7 - 3 是以工资变化作为解释变量,以工业品出厂价格变化作为被解释变量所作的散点图,该散点图具有明显的线性趋势,说明价格变化随着工资变化而变化。

（单位：%）

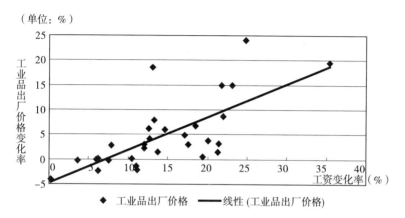

图 7 - 3 工业品出厂价格变化与工资变化的散点图

数据来源:由国家信息中心数据中心与新华在线信息技术有限公司合作提供的《经济数据特供系统》,数据检索入口:http://data.xinhuaonline.com;2005 年以后的数据来源于《中宏数据库(教育版)》,检索入口:http://edul.macrochina.com.cn。

既然产品价格与工资之间具有很强的联动关系,而且由于劳动力"无限供给"导致工资水平长期以来偏低,所以,中国的产品价格水平也保持着长期的低水平,这也是中国产品具有国际竞争力的原因所在。

二、价格的供求决定

工资作为一种主要的生产成本虽然决定着产品的出厂价格,但是产品的最终市场价格是由产品的市场供求态势决定。尽管工资成本很低、出厂价格很低,但是产品供不应求会拉升其价格,使其以远远高于出厂价格的价格售出。相反,即使工资成本很高、出厂价格很高,但是产品严重供过于求会压低其价格,甚至使其售价低于成本。所以,我们认为决定产品最终销售价格的是市场的供求态势。

在分析市场价格的变化时,为了与工业品出厂价格保持一致,我们选取商品零售价格作为市场供求决定的价格。首先描绘出 1978~2007 年来的零售商品价格指数(上年 = 100)曲线图,见图 7-4。从图 7-4 来看,整条曲线以 1997 年为界可以明显地分为两部分:1997 年以前,商品零售价格增长率每年都在 2% 以上(除 1978 年外),最高达到 21.7%,年均增长率达到 7.5%,曲线处于 2% 以上的高位;1997 年以后,商品零售价格增长率每年都在 2% 以下,并且有 6 年为负增长,最低达到 -3%,年均增长率为 -0.54%,曲线处于 2% 以下的低位。由此说明,中国的市场价格呈现出阶段性的变化特征,1997 年以前物价高增长,而以后低增长甚至负增长。

市场价格的这种阶段性变化特征说明,市场价格深受市场供求力量的影响。因为,中国的产品市场以 1997 年为临界点,开始

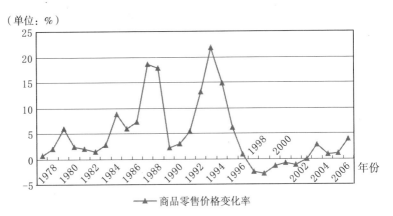

图 7-4 商品零售价格变化率

数据来源于:由国家信息中心数据中心与新华在线信息技术有限公司合作提供的《经济数据特供系统》,数据检索入口:http://data.xinhuaonline.com。

告别供给约束转而受需求约束,产品供给的结构性过剩日渐严峻。上游企业由于进入壁垒较高,企业相对处于垄断地位,具有较强的定价能力;而下游的消费品市场,由于进入壁垒低,接近于完全竞争市场,因而大部分产品基本上都处于供过于求状态(肖六亿、常云昆,2005)。根据商务部前不久对 2004 年 600 种主要商品供求情况的分析,供过于求的商品占 74.3%,供求基本平衡的占 25.7%,没有供不应求的商品。同时,2004 年一季度以来企业存货水平增长过快(2005 年 2 月份工业企业产成品资金占用增长 15.7%,是 1996 年 12 月以来的最高增速),表明国内市场供过于求的状况日趋严重。这种产能过剩和供给过剩的局面一直持续到 2006 年仍然没有看到终结的迹象。

产能过剩或者供给过剩从需求方面来看,就是需求严重不足。长期以来,支撑中国经济高速增长的需求力量是投资推动和出口拉动。始于 1997 年的扩张性调控政策,刺激了政府投资和民间投资同步走高,成为经济增长的强心剂;从 2001 年到现在,中国的出口繁荣已持续了 5 年,年均出口增长率达 30%,这期间,中国出口增长速度是全球贸易增速的 3 倍,出口总额几乎占到 GDP 总额的 2/3,外贸依存度迅速提高。

消费需求在经济增长中一直处于贡献微弱的状态。因而供给严重过剩反映出,消费需求严重不足。为什么消费需求不足呢?消费是收入的函数,居民收入低,当然消费需求难以提高。而居民收入主要来自于就业所获得的劳动收入,因此,就业状况决定着消费需求。创业和就业不足,就业压力大,劳动收入低,导致收入增长相对资本收入和国家财政收入增长缓慢;参与劳动的人口少,人均劳动力供养的人口就高,承担的税收就多,人均收入增长慢,导致"无钱可花",而不是"有钱不敢花",消费需求不足反过来影响创业和就业机会的增加。

总之,低就业、低工资、低收入必然导致消费需求低迷,消费需求增长缓慢当然降低了总需求的增长速度,当总供给快速增长时,物价水平只能低增长或者负增长。

三、价格的最终决定

工资成本和市场供求格局是决定物价的两个核心因素,其中,工资成本是基本的内在决定力量,市场供求态势是叠加在其影响之上而形成最终的市场均衡价格。

由于中国的长期低就业状况所导致的低工资水平,所以由工资成本决定的产品价格也很低,这也是中国产品在国际市场上具有竞争力的重要原因。然而在国内市场,这种低价格只属于出厂价格,并不是最终市场价格,最终市场价格的形成还要受到供求格局的左右。

在 1997 年以前,中国的产品市场是供给约束型,产品供不应求。因此,充足的需求从终端市场拉升了产品价格,使由低工资成本决定的低价格得以提升,因而通货膨胀率很高。1997 年以后,中国的产品市场开始走向需求约束型,产品供给过剩。因此,不足的消费需求从终端市场进一步压低了产品价格,使得由低工资成本决定的低价格雪上加霜,因而通货紧缩的压力很大。

第五节　小　　结

宏观经济关系是指产出、就业与物价之间的传导关系。它有两种形式:一种是与"特征事实"一致的宏观经济关系,可称为典型的宏观经济关系;另一种是与其不一致的宏观经济关系,亦可称为非典型的宏观经济关系。典型的宏观经济关系可以由经济周期理论和经济增长理论进行解释。对于非典型的宏观经济关系,主流经济学还没有形成一个有代表性的解释理论,只不过是对传统理论进行改造并加以运用而已。然而,技术进步的就业效应理论可以同时解释典型宏观经济现象和非典型宏观经济现象。

根据技术进步的就业效应理论,生产规模扩大会加速经济增长,并且还会增加就业量;技术水平提高会促进经济增长,但对就业产生不确定性影响。因而生产规模扩大和技术水平提高必定提高经济增长速度,但与之相随的可能是高就业,也可能是低就业,即出现高增长高就业或高增长低就业。

由就业水平决定的工资是构成物价的主要成本因素,叠加在工资之上的决定物价的力量是市场供求因素。因此,如果劳动市场低就业和产品市场受供给约束,那么低就业、低工资与高物价并存;如果劳动市场高就业和产品市场受需求约束,那么低就业、低工资与低物价并存。相反,如果劳动市场高就业和产品市场受需求约束,那么高就业、高工资与高物价并存;如果劳动市场高就业和产品市场受供给约束,那么高就业、高工资与低物价并存。至此,我们用技术进步的就业效应理论解释了典型和非典型宏观经济现象。

本部分还运用技术进步的就业效应理论解释了中国"高增长、低就业和低物价"现象。低就业和低工资是中国较长时期的常态,叠加在工资成本之上影响物价的是市场格局。1997 年之前的供给约束型的市场格局从最终产品市场拉高了产品价格,因而它抵消了低工资成本对价格的拉低作用,引起价格上涨,于是出现"高增长、低就业和高物价"。1997 年之后的需求约束型的市场格局从最终产品市场进一步压低了产品价格,因而它雪上加霜地使产品价格在低工资的基础上进一步下降,从而使得通货紧缩压力增加,于是出现"高增长、低就业和低物价"。

第八章　结论与建议

第一节　结　　论

如果"高增长低就业"是中国独有的现象,那么其主要成因是技术进步、经济体制改革和产业结构转换。然而它是一个世界性的现象,并且发达国家并没有进行如中国一样的体制改革和结构转换,所以在世界经济的框架下,"高增长低就业"的成因就是技术进步。如果技术进步是"无就业增长"的主要成因,那么就会有一系列问题涌现出来:技术进步实现"高增长低就业"的机制是什么?"高增长低就业"所引致的产出、就业、物价之间的宏观经济关系与典型事实不符,这又如何解释?技术进步导致"高增长低就业"违背了传统主流经济理论,如与奥肯定律不相符,与实际经济周期理论相悖,这该怎么解释?过剩的资本为何不能雇佣过剩的劳动?与"高增长低就业"相伴随,为何出现了物价超周期现象?对中国来说,经济快速增长需要科技进步,然而严峻的就业压力排斥技术进步,二难选择使我们面临现实的考验。所有这些问题的关键在于,技术进步促进经济"高增长"的同时,造成了就业的缓慢增长甚至没有增长。至于技术进步对经济增长的促进作用,新古典增长理论和新经济增长理论已经做了全面的回答。所以,解释技术进步对就业和物价的影响就是本书的任务。

为了解释技术进步对就业、物价等宏观经济变量的影响,本书构建了一个新的理论分析框架。这是文章的核心部分。首先,立足于劳动力市场,从劳动供给和劳动需求两个方面分别考察了技术进步对就业水平的影响。由于技术进步对劳动供给具有确定性的增加效应,所以,技术进步对就业水平的影响决定于其对劳动需求的不确定性影响。从劳动需求方面考察技术进步对就业水平的影响,我们定义了技术进步的就业总效应,它包括就业创造效应和就业损失效应。技术进步降低劳动力需求,即技术进步的就业损失效应。就业损失效应表现为两个方面:一是技术进步提高劳动生产率,在一定的生产规模下减少了就业岗位、降低了劳动需求,这是第一类就业损失效应;二是技术进步同时提高资本生产率和劳动生产率,形成不同偏向的技术进步,导致生产要素的替代,而节约劳动型的技术进步趋势明显,因此,要素替代的结果是劳动需求下降,这是第二类就业损失效应。技术进步的就业创造效应是指技术进步通过有关途径创造就业机会,增加就业岗位,从而增加劳动力需求的一种机制和效果。技术进步的就业创造效应是通过技术进步扩大生产规模和扩大经济范围的渠道实现的。由扩大生产规模形成的创造效应,称为技术进步的第一类就业创造效应;由扩大经济范围形成的创造效应,称为技术进步的第二类就业创造效应。技术进步的就业创造效应和就业损失效应经常不相等,并且是动态变化的,因而技术进步的就业总效应存在三种状态:正效应、负效应和零的效应。其次,从劳动力市场延伸到产品市场和货币市场,进一步剥离出影响劳动力需求的其他宏观经济变量。我们发现,生产规模是决定劳动需求的最基本的宏观变量,并且劳动需求随着生产规模扩大而增加、缩小而减少,生产规模对劳动需求具有确定性影响。最后,综合两个市场的影响因素,从劳动力需求的角度构造出技术进步的就业效应理论。生产规模是决定劳动需求的基本力量,技术进步的就业总效应叠加在生产规模的就业效应之上对社会就业量产生作用,由于生产规模的就业效应是确定性的,所以最终社会就业量随着技术进步的就业总效应变化而变化。我们将这种叠加在生产规模的就业效应之上的技术进步的就业效应的分析框架,称之为技术进步的就业效应理论。

　　运用技术进步的就业效应理论解释宏观经济关系。根据技术进步的就业效应理论,生产规模扩大会加速经济增长,并且还会增加就业量;技术水平提高会促进经济增长,但对就业产生不确定性影响。因而生产规模扩大和技术水平提高必定提高经济增长速度,但与之相随的可能是高就业,也可能是低就业,即出现高增长高就业或高增长低就业。由就业水平决定的工资是构成物价的主要成本因素,叠加在工资之上的决定物价的力量是市场供求因素。因此,如果劳动市场低就业和产品市场受供给约束,那么低就业、低工资与高物价并存;如果劳动市场高就业和产品市场受需求约束,那么低就业、低工资与低物价并存。相反,如果劳动市场高就业和产品市场受需求约束,那么高就业、高工资与高物价并存;如果劳动市场高就业和产品市场受供给约束,那么高就业、高工资与低物价并存。至此,我们用技术进步的就业效应理论解释了典型和非典型宏观经济现象。基于中国的数据,测算了技术进步的就业总效应,测算结果显示,技术进步造成就业净损失,抵消了生产规模扩大而增加的就业,所以在经济高速增长时就业增加缓慢;并解释了中国"高增长、低就业与低物价"现象。

　　在提出问题、构建理论和检验理论的过程中,本书得出以下几个基本结论。

　　结论一:技术进步是造成中国"高增长低就业"的主要原因

　　在对技术进步进行了明确的界定和精确的测算之后,分别考察了技术进步对产出和就业弹性的影响。计量结果表明,技术水平提高带来了产出量的增加,技术进步速度的变化引起产出增长速度的同步变化,即技术进步促进了中国经济的快速增长;技术进步速度变化与就业弹性变化呈现明显的反方向变动关系,技术进步对就业弹性的下降产生了强劲的影响。因此,可以肯定的是技术进步是"高增长低就业"的主要原因。但是,技术进步如何造成了"低就业"仍然是一个未解之谜。下面通过对技术进步的就业效应分析,可以使我们清楚了解技术进步在增加就业的同时,又减少了就业,但在中国它的净效应表现为就业减少。

结论二:技术进步确定性地增加劳动供给

技术进步对劳动供给的影响表现为对劳动力数量和质量两方面。技术水平的提高降低了人口的死亡率和提高人类的生活水平,加速了人口增长,进而增加了劳动人口的供给量。根据人力资本投资理论,技术进步增加了劳动力的人力资本。因此,在其他条件不变的情况下,劳动供给与技术进步是同向变动关系。

结论三:技术进步对劳动需求具有不确定性的影响

技术进步对劳动需求的影响具有不确定性,一方面,它创造就业岗位,增加劳动需求,这是技术进步的就业创造效应;另一方面,技术进步破坏就业岗位,减少劳动需求,这是技术进步的就业损失效应。

技术进步的就业损失效应表现为两个方面:首先,技术进步提高劳动生产率,在一定的生产规模下减少了就业岗位、降低了劳动需求,这是第一类就业损失效应;其次,技术进步同时提高资本生产率和劳动生产率,形成不同偏向的技术进步,导致生产要素的替代,结果是节约劳动型的技术进步趋势明显,因此,要素替代引发劳动需求下降,这是第二类就业损失效应。两类就业损失效应在形成机制上存在差别,但是它们的最终结果表现为劳动生产率提高和劳动需求减少,因此,可以用劳动生产率的提高来测算两类就业损失效应所减少的就业量。

技术进步可以创造出新的就业岗位和就业机会,从而增加劳动需求。第一类就业创造效应是,技术进步提高要素的生产率增加产出,新增加的产出通过扩大投资而扩大生产规模,从而吸收劳动力就业。第二类就业创造效应是,技术进步通过加深和拓宽产业结构的深度和宽度,扩大经济范围,从而增加就业。生产规模扩大和经济范围扩展是就业增加的来源。这一点可以解释,尽管人口和劳动力不断增长,但就业岗位也在增加,并且就业机会逐渐从传统产业、部门转移到新兴产业和部门,新兴经济部门成为主要的劳动力吸纳地。技术进步的就业创造效应正是透过它们形成的。

技术进步的就业创造效应与就业损失效应是动态变化的,所以技术进步的就业总效应也具有三种状态:正效应、负效应和零和效应。

结论四:技术进步的就业效应理论

从劳动力市场扩展到产品市场和货币市场,我们发现劳动需求最终决定于生产规模和技术进步。生产规模具有单一的扩大劳动需求的功能,技术进步的就业效应是叠加在其上的一种决定就业量的力量。我们将这种叠加于生产规模之上的,分析技术进步影响就业的机制和框架,称为技术进步的就业效应理论。技术进步的就业效应理论可以用来解释典型和非典型的宏观经济现象。

宏观经济关系是指产出、就业与物价之间的传导关系。宏观经济关系一般用"特征事实"来描述和刻画,并且有主流经济理论予以解释。对于宏观经济关系中的非"特征事实",主流理论难以作出令人信服的解释。然而,技术进步的就业效应理论可以有效地解释这两类宏观经济关系。

结论五:中国的技术进步的就业总效应为负

从决定就业量的三个宏观因素来看,技术进步提高劳动生产率产生了净就业损失效应,生产规模形成了净就业创造效应,产业结构更新和体制改革导致就业损失效应与就业创造效应交替出现。三种力量的均衡结果反映,中国的就业是投资驱动型就业,投资扩大生产规模创造了就业机会。技术进步对就业的效应叠加在投资的就业创造效应之上而发生作用。

技术进步对就业的净影响表现为减少就业,即就业损失效应。技术进步一方面提高劳动生产率减少就业,另一方面增加产出扩大投资增加就业,同时创造出新的产业和部门扩大经济范围增加就业,但是其减少的就业量超过了增加的就业量,因而最终表现为净就业量损失,平均每年净减少就业量 3000 万~3500 万。

结论六:中国宏观经济关系的解释

由于投资规模逐年扩大,投资推动了产出快速增长;[1]科技进步提高了劳动生产率、扩大了经济范围,从而也促进了产出快速增长。但是,就业却没有 GDP 那样风光。在劳动供给一定的条件下,由于技术进步的就业总效应为负,所以中国出现了低就业。低就业使得劳动工资一直处于低水平。低工资从成本角度决定着较低产品价格,然而最终的市场价格是市场供求力量叠加在成本之上的结果。1997 年之前的供给约束型的市场格局从最终产品市场拉高了产品价格,因而它抵消了低工资成本对价格的拉低作用,引起价格上涨。1997 年之后的需求约束型的市场格局从最终产品市场进一步压低了产品价格,因而它雪上加霜地使产品价格在低工资的基础上进一步下降,从而使得通货紧缩压力增加。总之,与技术进步的就业负效应相伴随的是低工资水平和两种可能的物价水平,不过由于低工资带来低消费支出,所以出现低物价的可能性较大。

技术进步的就业效应理论可以解释过剩的资本为何不能雇佣剩余的劳动。中国是资本驱动型的经济增长,过剩的资本使投资逐年增加(年投资增长率达到 25%),投资的增加扩大了生产规模,生产规模扩张有利于增加就业。前面已经证明,中国的就业增加完全依赖于生产规模的扩大。另外,由于技术进步提高了劳动生产率,而资本生产率并没有提高,所以技术进步的就业效应为负,减少了就业,部分抵消了生产规模扩大增加的就业,从而使就业量不能与投资量同速增加。反过来看,如果不是投资的扩张扩

---

[1] 从 1980~2006 年,中国固定资产投资年均增长率 21%,投资的平均弹性系数是 0.518。高投资和较高的投资弹性推动了中国 GDP 稳定、高速增长。

大了生产规模,就业压力将会更大。因此,中国就业的增加离不开高速投资。总之,过剩资本没有雇用过剩劳动的根本原因是,技术进步的就业效应为负。

第二节　政策建议

针对"高增长低就业"的形成和宏观经济关系的非"特征事实"的出现,根据技术进步的就业效应理论,我们认为可以从以下几方面找到出路。

一、从宏观视角审视"高增长低就业"才能拓展解决问题的视野

从上面的分析可以知道,中国出现了以"高增长低就业"为特征的宏观经济关系,其根本原因是技术进步。技术进步一方面促进了经济的快速增长,另一方面其就业的负效应使就业增长缓慢。因此,有人提出技术进步悖论,即经济的持续快速增长必须依靠科技进步,大力发展资本密集型、技术密集型和知识密集型的产业,但是这些产业的发展不利于就业的增加;要保证高就业率,最好发挥中国的要素优势,大力发展劳动密集型产业,但是这样损害了经济的长期发展。以至于得出就业增加和经济增长不兼容的结论,并提出要么增长成为主导目标,要么就业成为主导目标。但是,如果将增长和就业放到宏观的框架中进行考察,我们解决问题的思路不再局限于二选一的境地。

因为就业只是技术进步影响的宏观链条中的一个重要环节,如果仅仅以就业为目标,那么就会破坏整个宏观经济系统的协调性和整体性,就业也是不稳定的、不持久的。例如,当前为了解决劳动力过剩问题,可以大力发展和推广劳动力密集型技术,就业可以暂时增加,但是阻碍了产业结构的升级和换代,不利于经济的长

期增长,经济的缓慢增长或者停滞反作用于就业,长期内就会缩小就业规模。因此,必须将技术进步的就业效应纳入到宏观经济体系中考察,只有在产出持续稳定增长、通货膨胀率稳定条件下的就业增加量,才是有效的就业增加量;脱离产出和物价的就业增长是无效的就业,与产出、物价变动不一致的就业必然随产出、物价的调整而最终消失。也就是说,要从宏观的视野分析技术进步,而不再是为就业而就业,为增长而增长,而是要兼顾技术进步对产出、就业和物价的有效性。

二、转变技术创新模式、延长产业链

造成"高增长低就业"的根本原因是技术进步的就业效应为负,那么如何使技术进步的就业创造效应大于就业损失效应,就成为解决问题的关键。其中的有效途径就是,将技术进步模式从技术引进转变为自主创新,延长产业链,深化分工,扩大经济范围。

技术进步有两种模式:一是技术引进模式,二是自主创新模式。两种模式在产业链和产业分工中处于不同的位置,因而对劳动力需求的影响不一样。以引进技术为主的技术创新模式是直接引进生产设备、工艺方法和重要原材料、零部件等生产能力,生产链条很短,研制这些技术和设备所需要的上游产业,如教育与人力资源开发、技术研究与开发、先进设备和重要零部件生产和相关的咨询与服务业等所需要的高级就业机会都留在了国外。而自主创新模式则是进行人力资源开发、自主进行技术研究与开发,生产高端技术零部件,以及发展相关的服务业。自主创新模式是发展技术进步的上游产业,而技术引进是发展技术进步的下游产业。与下游产业对应的是制造和加工工业,吸纳的是简单劳动力;与上游产业对应的是高新技术产业和研发产业,使用的是技术工人和高新技术人员。

就中国而言,改革开放以后,为了满足受到压抑的市场需求、迅速增加供给能力,长期以来实施技术引进战略,1978～1996 年,

中国从发达国家引进了大量的先进技术设备和生产线。在这种技术引进模式下,中国的制造业和加工工业迅速发展,并且吸收了大量的劳动力,但是丢失了位于上游的自主创新产业的就业机会。由于中国自主研究开发不足,所以自主创新型产业吸收的就业人员比发达国家少多了。表 8-1 显示了平均从事研究与开发的科学家和工程师的数量,1994~2005 年间,每百万人口中,从事研发的科学家和工程师的数量,中国只有日本和美国的 1/10。

表 8-1 平均从事研究与开发的科学家与工程师人员数

(单位:人/百万人)

年份	中国	日本	美国
1994	352.99	6301.18	–
1995	–	–	3729.98
1996	445.17	4907.03	3880.77
1997	473.84	4958.25	4211.21
1998	387.31	5162.55	–
1999	420.15	5198.24	4484.06
2000	545.58	5097.63	4537.2
2001	578.79	5309.90	–
2002	627.42	5069.97	–
2003	663.14	5286.91	4605.00
2004	709.80	5299.00	4769.80
2005	852.00	5511.90	4651.30

数据来源:《中宏数据库(高教版)》,检索入口:http://edul.macrochina.com.cn。

由此可见,转变技术进步模式,向自主创新转变,大力发展教育与人力资本开发、鼓励技术研究与开发、生产先进的设备和零部件,将就业的产业领域向上游推移,这既是实现长期发展的需要,也是增加就业的需要。为什么长期以来中国没有建立起自主创新体系呢? 这是因为与技术创新相比,中国更缺乏建立创新的机制。

中国其实并不缺乏创新的元素,中国每年有 26 万理工科的优秀毕业生,有全球最大的市场,但企业并没有表现出很强的创新力,关键的原因是缺乏管理的创新。不过,现在越来越多的中国制造企业开始聘请咨询公司进行管理和技术创新,未来几年,中国的技术进步将会迎来一个创新的高潮。[①]

三、依靠技术进步扩大生产规模

技术进步除了可以延长生产线、扩大经济范围外,还可以扩大生产规模。技术进步扩大生产规模是指将其所增加的产值转化为投入和消费需求,从而增加生产规模。技术进步如同劳动和资本一样,促进产出增加,但是技术进步增加的产出最终分配给资本和劳动。资本的收入利润转化为投资,劳动收入转化为消费,最后转化为需求的增加,从而扩大生产规模。

技术进步是资本的函数,从研究与开发的角度看,技术进步的方向决定于研究与开发投资的方向;从技术进步的应用角度来看,技术进步引导着投资的方向。新的技术开发出来后要应用于生产获取利润,在新技术的应用中表现为与该技术一致的投资的增加,相应设备的购置和人才配备,因此,技术进步引导着投资。我国当前的经济快速增长正是技术进步的成果快速应用和技术更新换代的结果。在新技术不断投入使用过程中,需要新的投资,从而扩大了投资需求。从这个角度看,投资需求的扩张是好事情。投资需求扩张表现为私人投资和政府投资增加,结果引起银行信贷的增加,在银行信贷受抑制的条件下,私人金融活动活跃。从数量层面上看,我国经济增长速度与投资关系紧密,因此众多的结论认为,中国是投资驱动型的经济增长。在这种观点的驱使下,一旦担心

① 胡孝敏:《中国制造步入"后劳动力时代"》,中国宏观经济信息网 2005 年 3 月 17 日。

经济过热,就降罪于投资,使用一切手段控制投资量和信贷量。从本书的分析来看,这种将投资作为经济增长源头的看法是没有真正找到驱动中国经济增长的原动力。这种一刀切式的压缩投资和信贷的做法,必将不利于技术进步速度和产业结构的调整。去"一刀切"式调控,变为"有保有压"式的引导的大方向没错,但是具体而言,"保"和"压"应该以技术进步为标准。"保"的应该是代表技术进步方向的投资,"压"的应该是技术落后和衰退产业的投资。

完善分配制度,将技术进步的成果转化为消费需求。技术进步表现为资本生产率和劳动生产率的提高,生产率提高减少了劳动力需求,但是提高了单位劳动力的产出,所以劳动力的工资应该随着生产率的提高而提高,这样就不会产生资本挤占劳动收入的状况。然而从中国晚近期的投资回报率的增长趋势的成因来看,普遍认为资本挤占了劳动收入。

为什么中国投资回报率会如此高昂?如此高的投资回报率可信吗?可信。一个重要的凭据是中国经济增长中的全要素生产率(TFP)提高很快,过去几年全要素生产率的增长对于经济增长的贡献一直是30%~40%,其增长速度甚至比发达国家的经济增长速度还要快。这说明投资回报高是因为生产效率提高快。投资回报高的另外一个也许更重要的原因,是因为中国工人的工资收益增长缓慢,因此资本得以更多地分利。说白了,就是资本在中国很容易获取生产剩余。宋国青教授认为,在过去这些年中,中国的劳动力在"干中学"的过程中人力资本水平上升很快,劳动效率提高很快,但工资却没有相应的上升,因此其创造的剩余大都被资本当做利润索取走了,这正是中国投资回报高于世界其他国家和地区的一个秘密。①

---

① 赵晓:《如何看待中国投资回报率节节攀升》,中国宏观经济网 2006 年 8 月 24 日。

在中国投资的回报率出现拐点后迅速提高,其提高的原因是挤占了劳动收入。劳动收入被挤占,降低了劳动者的消费能力,扩大了劳资收入差距,使低收入者在预防动机下增加储蓄,高收入者边际消费倾向下降。因而消费需求不足,不利于从消费角度扩大生产规模,于是不利于就业的增加。

四、依靠生产规模的扩大增加就业

生产规模在中国具有完全的正就业效应,是就业增加的唯一可靠的渠道,因此,必须依靠生产规模的扩大来增加就业。生产规模的扩大与投资密切相关,能否保持现有投资规模或者扩大投资规模取决于投资的回报率。根据近期中国经济研究中心的研究,中国的投资回报率很高。晚近时期中国工业资本回报率强劲增长。经过仔细分析的经验证据显示,晚近时期中国工业资本回报率发生了真实而非虚构的强劲增长。1998~2005 年间 9 个资本回报率系列指标以很高统计相关性同时增长。如以权益作为资本存量计算,净资产净利润率从 1998 年 2.2% 上升到 2005 年12.6%,税前利润率从 3.7% 上升到 14.4%,总回报率从 6.8% 上升到 17.8%。以资产作为资本存量计算,总资产净利润率从 1998年 0.8% 上升到 2005 年 5.3%,税前利润率从 1.3% 上升到6.0%,总回报率从 2.5% 上升到 7.5%。[①] 近期,北京大学中国经

[①]　2007 年 1 月 11 日下午,北京大学中国经济研究中心举办"中国资本回报率:事实、原因和政策含义"研讨会,发表 CCER"中国经济观察"研究组所做"经济转型成长与资本回报率演变——我国改革开放时期资本回报率估测(1978—2005)"专题报告内容,见三期"中国资本回报率"专题研讨会简报。在姚洋教授和卢锋教授主持下,国家统计局副局长许宪春博士、清华大学经管学院白重恩教授、布鲁金斯—清华研究中心主任肖耿教授、TPG 新桥投资集团合伙人单伟建博士、光大证券首席经济学家高善文博士、北京大学中国经济研究中心宋国青教授、卢锋教授、霍德明教授、巫和懋教授发表了相关演讲和评论。

济研究中心宋国青教授采用直接的算法,即用大陆规模以上工业企业的净资产和利润进行比较,计算净资产回报率,结果发现,从 1999年以来,大陆的投资回报率处于不断攀升状态,从 1999 年的 6% 左右一直上升到了 18% 以上,正处于空前高涨的水平,也是全球各主要国家最高的投资回报水平。即使考虑到可能存在着高估等因素,大陆规模以上工业企业的真实投资回报率肯定也在8% ~12% 的水平。显然,这样的水平无论是新兴市场还是全球发达市场都是望尘莫及的。

如果中国真实资本回报率正在发生趋势性持续增长,那么从有关投资的经济学分析视角看,应有理由假设中国目前资本存量与均衡分析意义上合意资本存量比较相对不足,企业通过较快投资缩小现实资本存量与合意资本存量之间差距可能具有较大程度经济合理性。因而有理由相信目前中国投资快速增长以及高增长低通胀宏观经济表现,可能具有相当程度微观基础,实现中央最近提出经济"又好又快"增长方针具有现实可能性。从一个更广阔视角思考,一国经济起飞早期阶段人均资本存量很低,快速投资及其导入伴随的"嵌入式技术"进步以及人力资本积累提升,不仅有可能构成持续增长的重要驱动因素,而且可能是经济追赶特定阶段的题中应有之义。因而把"投资驱动增长"无条件等同于"粗放低效增长"的流行看法是否准确,可能还要在理论依据和经验证据方面进一步探讨。

显然,投资回报率的这一最新认识是非常重要的,其政策含意和理财(相关:证券财经)含意不同寻常。第一,从政府的角度看,给定当前的投资回报率,行政打压实际上并没有充足的理由,特别是不能以继续打压投资来紧缩总需求。政府如果一定要紧缩总需求,那也只能选择紧缩外需,比如,通过人民币升值来减少贸易顺差。理由很简单,外贸挣到的钱再去买美国国债,考虑到其中的利率成本以及人民币升值的损失,其投资收益近乎为零,哪里比得上国内投资的高收益。因此,外贸顺差越大,中国的国民福利损失其实越大。在这种情况下,政府如果一定要压缩总需求,该压的也是外需,而不是投资,甚至外需下来了还要加大投资力度才对。这才是对于整个国民经济效率和国民福利的改善。第二,从投资者的角度看,过去几年,大陆企业的投资回报率不断上升,但大陆股市的泡沫却不断被挤兑,如果考虑到大陆股市占经济的比重远远小于美国,那么大陆股市恐怕是全世界最值得投资的市场,2006 年以来的股市高涨不仅是有理由的,而且还将继续。第三,从居民的角度看,大陆居民存款的真实回报在当前通货膨胀下,其收益几乎为零,因此调整居民资产结构就是合理的选择,存款的"乾坤大挪移"迟早会发生,更多的居民资产还将进一步流向房市和股市等高回报的资产市场,这同时也意味着投资拉动中国经济增长的步伐不可能停止。

较高的投资回报率表明,投资规模扩大具有强大的市场基础,不应该被压缩。同时,由于技术进步的就业总效应为负,中国的巨大就业压力完全依赖于投资规模扩大而化解,如果压缩投资规模增长速度就会激化就业问题。1980～2005 年,中国的固定资产投资年均增长率是 21%,近 5 年来年均达到 25%,这样的投资增长率并没有降低投资回报率,并且促进了 GDP 快速增长和就业的缓慢增加。因此,在劳动力供给不但增加的情况下,要保证经济稳定高速增长,和逐渐缓解就业压力,必须保证每年 25% 左右的投资增长率。

五、扩大经济范围是增加就业的根本出路

经济范围的扩大不仅表现为产业链的延长,而且表现为产业宽度的拓宽。拓展产业宽度意味着增加产业种类和部门,增强已有产业的互补性和相容性,而不是强调产业间的替代性。面临着就业优先还是增长优先的选择时,往往突出产业的替代性,以实现

就业目标或者增长目标。但是,增长和就业都可以在经济范围扩大中实现,所以产业间的互补性更重要。

既然产业的互补性有助于增长和就业,所以技术密集型产业和劳动密集型产业不可偏颇,而且更应该强调技术、知识密集型产业的发展。加快产业结构调整,应当大力发展微电子、生物工程、航空航天等资金技术密集型产业。这些产业产品附加值高,在 GDP 中贡献大,对先进生产力有较强的推动作用。当然,不能把发展资金技术密集型产业与发展劳动密集型产业对立起来,而应把两者结合起来。一方面,资金技术密集型产业中有劳动密集型的环节,可吸收大量劳动力。譬如,计算机板卡、高档家电、移动通讯,这些产品的核心部件技术含量高,资金投入量大,而在组装环节,却需要大量的人工操作。另一方面,劳动密集型产业有资金技术密集型的环节,也具有一定的先进性。作为发展中国家,我们还需要进行大量的基础设施建设,传统工业、建筑业在国民经济中所占比重还很大,需要投入大量的劳动力,但为了提高产品的质量和建设水平,仍要不断地引入先进适用技术,增加科技含量。人口众多, 劳动力素质有待提高, 是我们的基本国情。解决就业问题,必须立足现实, 既要注重发展资金技术密集型产业, 赶超国际先进水平, 也要高度重视发展劳动密集型产业, 创造更多的就业岗位。①

六、依靠金融渠道提高 GDP 的就业弹性

中国应当如何打破这种"没有就业的增长"? 从发展模式上,就必须将目前过于注重 GDP 增长的模式,转向就业优先的、强调 GDP 增长对于就业带动功能的发展模式。这既需要政策的改进、

① 贾民:《从就业弹性的角度看我国的就业问题》,《宏观经济管理》2004 年第 4 期,第 98 页。

就业体制的创新、劳动力市场的培育,也需要发展战略的调整、金融体系的改进。①

　　从政策角度看,面临当前就业的产出弹性下降之格局,要改进对于地方政府的以 GDP 为主导的政绩考核导向,严格约束那些能够带来数字上的 GDP 增长,但并不能改进公众福利、不能创造更多就业机会的"形象工程";在整个宏观政策的目标中,基于当前严峻的就业压力,就业政策应该成为我国优先的经济政策和社会政策,成为宏观政策的根本取向。政府在促进就业中应当承担更多的责任,如构筑统一、高效的劳动力市场,对所有的求职者平等地提供包括职业介绍、技能培训等方面的必要的服务;在就业服务过程中扶助劳动力市场上条件较差的社会成员就业,消除性别、年龄、残疾上的歧视;通过立法和监督,维护就业竞争的公平性,保护劳动者的合法权益。特别应当强调的是,政府应当将社会保障体系的建立作为当前严峻的就业压力中的缓冲力量。

　　从金融体系改进的角度看,当前中国的金融体系将大部分金融资源,主要用于支持资本密集型产业的发展,这对于促进就业,并不是一个好的选择,在一定意义上说,这是近年来就业的产出弹性下降的金融方面的原因之一。较之资本密集型行业,劳动密集型行业只需更少的资金投入就能够创造更多的就业岗位,更需要获得金融资源的支持。从企业规模看,中小企业是吸收就业的重要阵地,但是近年来恰恰是中小企业一直缺乏多元化的、有效的融资渠道,一些垄断性的、资本密集型的大型企业则往往是资金异常充裕,如何探索对中小企业融资的便捷渠道,是提高金融资源投入对于就业带动能力的重要内容。另外,地方政府具有投资活动的影响力,拥有金融资源的事实上的支配能力,所以在以 GDP 为导

---

　　① 巴曙松:《打破"没有就业的增长"》,中国宏观经济信息网2004 年7 月23日。

向的政绩考核体制下，他们自然容易引导金融资源注入到"有增长无就业"的"样板工程"。因此，如果不进行投融资体制改革，在未来一段时间，就业的产出弹性的下滑趋势将难以得到扭转。

参考文献

[1] Acemoglu. D. : " Changes in Unemployment and Wage Inequality: An Alternative Theory and Some Evidence ", *American Economic Review*, 1999.

[2] Aghion, P. and Horitt. P. : " Growth and Unemployment ", *Review of Economic Strdies*, 1994, p. 61.

[3] Aghion, Philippe. and Peter Howitt. : " AModel of Growth through Creative Destruction ", *Econometrica*, 1992, Vol. 60, No. 2.

[4] Aghion, P. , Peter Howitt. : *Endogenous Growth Theory*, Cambridge. MIT Press. 1998.

[5] Alfred Sauvy. : *General Theory of Population*, Weidenfeld and Nicolson Ltd. 1969, p. 169.

[6] Arrow, Kenneth J. : "The Economic Implication of Learning by Doing", *Review of Economic Studies*, 1962, p. 29.

[7] Athar Hussain. : *Theoretical Approaches to the Effects of Technical Change on Unemployment—the Employment Consequence of Technological Change*, the Macmilland Press Ltd. 1983.

[8] Abbott Michael G. , Beach Charles M. : " Wage Changes and Job Changes if Canadian Women: Evidence from the 1986—1987 Labor Market Activity Survey", *Journal of Human Resources*, No. 2 (Spring 1994).

[9] Allen, R. G. D. : *Mathematical Analysis for Economists 2nd*

edn, Macmillan, London, 1938.

[10] Ball, Laurence. : "Intertemporal Substitution and Constraints on Labor Supply: Evidence from Panel Data", *Economic Inquiry*, 1990, 28(October).

[11] Bharat Trehan. : "Productivity Shocks and the Unemployment Rate", *Economic Review*, 2003, p. 45.

[12] Brian Snowdon, Howard Vane, and Peter Wynarczyk. : *A Modern Guide to Macroeconomics: An Introduction to Competing Schools of Thought*, Edward Elgar Publishing Limited, 1994.

[13] Brian Snowdon, Howard Vane. : *Reflections on the Development of Modern Macroeconomics*, Published by Edward Elgar Publishing Limited, 1997.

[14] Bartel Ann P. The Migration Decision. : "What Role Does Job-Mobility Play?", *American Economic Review* 69 (December 1979).

[15] Becker C. : "Human Capital", New York: National Bureau of Economic Research, 1964.

[16] Becker C. : *A Theory of Marriage, in Schultz, ed. , Economics of the Family.* , Chicago: University of Chicago Press, 1974.

[17] Blanchard Olivier. : *Macroeconomics (Second Edition)*, Published by Arrangement with Original Publisher Pearson Education, Inc. , Publishing as Prentice Hall. 2001.

[18] Blumen I. M. , Cogan M. , McCarthy P. : *The Industrial Mobility of Labor as a Probability Process*, Cornell University Press, 1955.

[19] Borjas G. J. : "Does Migration Grease the Wheels of the Labor Market?", Brookings Papers on Economic Activity, 1982.

[20] Borjas George, Rosen Sherwin. : "Income Prospects and Job

Mobility of Younger Men", In Research in Labor Economics, Vol. 3, ed. Ronald Ehrenberg(Greenwich, Conn. : JAI Press, 1980) .

[21] Bresnahan. : "Information Technology: Workplace Orgnization and the Demand for Skilled Labor: Firm-level Evidence", QJE 2002, Feb.

[22] Bull Clive, Jovanovie Boyan. : " Demand-Shift versus Mismatch as Causes of Labor Mobility", *Review of Economic Studies* 55, (January 1988) .

[23] Clas Eriksson. : "Is There a Trade-off between Employment and Growth", *Oxford Economic Papers*, 1997, p. 49.

[24] Clower, R. W. : " The Keynesian Counter-Revolution: a Theoretical Appraisal. F. F. Hahn and F. Brechling(Eds.) ", *The Theory of Interest Rates*. Macmillan, London, 1965.

[25] Chenery H, Taylor L. : "Development Patterns: Among Countries and Over Time", *Review of Economics and Statistics*, Vol. 50, No. 4(1968) .

[26] Daveri F. , Faini R. : "Where Do Migrants Go?", *Oxford Economic Papers* 51, 1999.

[27] Davis Deborah. Job Mobility in Post-Mao Cities: Increases on the margins. China Quarterly, 84(1992) .

[28] Davis Steve J. , John Haltiwanger. : "Gross Job Creation, Gross Job Destruction, and Employment Reallocation ", *Quarterly Journal of Economics* 107, No. 3(August 1992) .

[29] Decressin J. , Fatas A. : "Regional Labor Market Dynamics in Europe", *European Economic Review* 39, 1995.

[30] David Deaton, Peter Nolan. : "The Nature of Unemployment under Technical Progress ", in Derek L. Bosworth (Eds) . *The Employment Consequence of Technological Change*, the Macmilland

Press Ltd, 1986.

[31] David Simpson, Jim Love, Jim Walker. : *The Challenge of New Technology*, Westview Press, 1987.

[32] Diamond, P. A. : "Aggregate Demand Management in Search Equilibrium", *Journal of Political Economy*, October 1982.

[33] David Deaton, Peter Nolan. : "The Nature of Unemployment under Technical Progress". in Derek L. Bosworth(Eds). *The Employment Consequence of Technological Change*, the Macmilland Press Ltd, 1986.

[34] Dr, Gautam Mehta. : *Economic Challenges of Population Growth*, Mahaveer Publications, 1988, Jodhpur.

[35] Domer, Evsey D. : "Capital Expansion, Rate of Growth, and Employment", *Econometrica*, 1946, p. 14.

[36] Douglas Jones. : " Technological Change, Demand and Employment", In Derek L. Bosworth (eds), *the Employment Consequence of Technologiacal Change*. The Macmilland Press Ltd, 1983.

[37] Douglas Holtz-Eakin, David Joulfaian, and Harvey S. Rosen. : "The Carnegie Conjecture: Some Empirical Evidence", *Quarterly Journal of Economics* 108, No. 2(1993) .

[38] Fabien Postel-Vinay. : "The Dynamics of Technonlogical Unemployment", *International Economic Review*, 2002, p. 43.

[39] Fernando Del Rio. : "Embodied Technical Progress and Unemeployment", University Catholique de Louvain, Insitut de Techereches Economiques ET Sociales(IRES) Discussion Paper, 2001, No. 031.

[40] Frisch, Ragnar. : Propagation Problems and Impulse Problems in Dynamic Economics, in *Economic Essays in Honour of Gustav Cassel*, London: Allen and Unwin, 1933.

[41] Gilberto Antonelli, Nicola De Liso. : "Inruoduction: An appraisal of the economic analusis of technological change: The path to the last decade", in Gilberto Antonelli, Nicola De Liso (eds), *Economics of structural and Technological Change. Routledge*, New York, 1997.

[42] Gordon, R. J. : *Macroeconomics*, and 6th edn, New York: Harper, Collins, 1993.

[43] Haberler, Gottfried. : *Prosperity and Depression*, Cambridge, MA: Harvard University Press, 1937.

[44] Harrod, Roy. F. : "An Essay in Dynamic Theory", *Economic Journal*, 1939, p. 49.

[45] Hicks, J. R. : *The Theory of Wages and edn*, Macmillan, London, 1963.

[46] Jonathan, S. Leonard. : "Technological Change and the Extent of Frictional and Strutural Unemployment", in Richard M. Cyert, David C. Mowery(Eds) , *The Impact of Technplogical Change on Employment and Growth*. Ballinger Publishing Company, 1988.

[47] Jorgenson, Dale. : "American Economic Growth in the Information age", Isuma Volume 3, Spring 2002.

[48] Jovanovic B. : *Job Matching and the Theory of Turnover*, Unpublished Paper, Columbia University, 1977.

[49] Jonathan, S. Leonard. : "Technological Change and the Extent of Frictional and Strutural Unemployment. in Richard M. Cyert", David C. Mowery(Eds) , *The Impact of Technplogical Change on Employment and Growth*. Ballinger Publishing Company, 1988.

[50] Johnson, H. G: "The Keynesian Revolution and the Monetarist Counter-Revolution", *American Economic Review*, May 1971.

[51] Kydland, F. E. , Prescott, E. C. : "Business Cycles: Real

Facts and the Monetary Myth", *Federal Reserve Bannk of Minneapolis Quarterly Review*, Spring, 1990.

[52] Katz, Lawrence F., Kwvin M. Murphy. : "Changes in Relative Wages 1963—1987: Supply and Demand Factors", *Quarterly Journal of Economics*, 1992, CV Ⅱ.

[53] Kenneth I, Spenner. : "Technological Change, Skill Requirements and Education: The case for Uncertainty", in Richard M. Cyert, David C. Mowery (edis), *The Impact of Technological Change on Employment and Growth*, Ballinger Publishing Company, 1988.

[54] Krugman P. : "Increasing Returns and Economic Geography", *Journal of Political Economy*, 99, 1991.

[55] Lachenmaier Stefan and Rottman Horst. : "The Affect of Innovation on Employment A Panel Analysis" [EB/OL]. 2005. Unpublished.

[56] Lilien, David M. : "Sectoral Shifts and Cyclical Unemployment", *Journal of Political Economy*, 90(August) 1982.

[57] Long, John B. , Plosser, Charles I. : "Real Business Cycles", *Journal of Political Economy* 91(February) 1983.

[58] Lucas, Robert E. Jr. : "On Efficiency and Distribution", *Economic Journal*, 1992, p. 102.

[59] Malinvaud, E. : *The Theory of Unemployment Teconsidered*, Basil Blackwell, Oxford, 1977.

[60] Maril Pianta, Marco Vivarelli. : *The Employment Impact of Innovation: Evidence and Policy, Routledge,* London, 2001.

[61] Marco Vivarelli. : *The Economics of Techology and Employment: Theory and Empirical Evidence*. Elgar, Aldershot, 1995.

[62] Malthaus, Thomas R. : *An Essay on the Principle of Population*, 1798, Lonlon: W. Pickering, 1986.

[63] Mansifield, E. : *Industrial Research and Technological Innovation: An Econometric Analysis Norton.* New York, 1968.

[64] Mansifield, E. : *The Economics of Technological Change Norton.* New York, 1968

[65] Martin Carnoy. : "The New Information Technology International Diffusion and Its Impact on Employment and Skills", *International Uournal of Manpower*, Vol. 18, 1/2, 1997.

[66] Mckinley L. Blackburn, David E. Bloom. : "The Effects of Technological Change on Earnings and Income Inequality in the United States", In Richard M. Cyert, David C. Mowery(edis) , *The Impact of Technological Change on Employment and Growth*, Ballinger Publishing Company, 1988.

[67] Mincer, Jacob, Stephan Danninger. : " Technology, Unemployment and Inflation", NBER Working Paper, 2000, No. 7818.

[68] Miller Robert. : "Job-Matching and Occupational Choice", *Journal of Political Economy* 92, No. 6(December 1984) .

[69] Mincer J. , Jovanovic B. : "Labor Mobility and Wages", Unpublished Paper, Columbia University(Jan. 1979) .

[70] Mincer J. : "Schooling, Experience, and Earnings", New York: National Bureau of Economic Research, 1974.

[71] Mortensen, D. T. , Pissarides, C. A. : " Unemployment Responses to "Skilled-Biased"Technology Shocks: The Role of Labour Market Policy", *Economic Uournal* 1999, p. 109.

[72] Mowery, David. C, and Rosenberg, Nathan. : *Tchnology and the Pursuit of Economic Growth*, Cambridge: Cambridge University Press. 1989.

[73] Nordhaus, W. D. : *Invention, Growth and Welfare: A Theoretical Treatment of Technological Change*, M. I. T. Press,

Cambridge, Mass. , 1969.

[74] OECD, : *Technology, Productivity and Job Creation*, Paris, 1996.

[75] Paolo Pini. : "Technical Change and Labour Displacement: Some Comments on Recent Models of Technological Unemployment. in Gilberto Antonelli", Nicola De Liso(Eds) , *Economics of Structural and Technological Change*, Routledge, New York, 1997.

[76] Pack, Howard. : "Endogenous Growth Theory; Intellectual Appeal and Empirical Shortcomings", *Journal of Economic Perspectives*, 8, Winter, 1994.

[77] Petit, P. : "Employment and Technical Change", in P. Stoneman(ed.) , *The Economics of Innovation and Technical Change*, Basil Blackwell, Oxford, 1995.

[78] Pissarides, C. A. : *Equilibrium Unemployment Theory*. Basil Blackwell, London, 1990.

[79] Paul Stoneman. : *The Economic Analysis of Technological Change*, P4, Oxford University Press, 1983.

[80] Ricardo J. Caballero, Mohamad L. Hammour. : *On the Timing and Efficiency of Creative Destruction*, NBER Working Paper # 4768 June 1994.

[81] Ricardo J. Caballero, Mohamad L. Hammour. : *Jobless Growth: Appropriability, Factor Substitution, and Unemployment*. Working Paper, NBER, October 1997.

[82] Richardo, David, : *On the Principles of Political Economy and Taxation*, 1817, Cambrige: Canbrige University Press, 1951.

[83] Robert M. Costrell. : "The Effect of Technical Progress on Productivity, Wages, and the Distribution of Employment: Theory and Postwar Experience in the United States", in Richard M. Cuert, David

C. Mowery(edis) , *The Impact of Technological Change on Employment and Growth*, Ballinger Publishing Company, 1988.

[84] Romer, Paul M. : " Increasing Return and Long-Run Growth", *Journal of Political Economy*, 1986, p. 94.

[85] Schumpeter, JosephA. : *Capitalism, Socialism, and Democracy*. New York. (1942) .

[86] Schumpter, Joseph A. : *the Theory of Economic Dwvelopment*, Cambrige, MA: Harvard University Press, 1934.

[87] Schunpeter, Joseph. : *Business Cycles: A Theoretical, Historical, and Statistical Analysis of the Capital Process*, New York: McGraw-Hill. 1939.

[88] Sharon Cohany, Anne Polivka, Jennifer Rothgeb. : "Revisions in the Current Population Survey Effective January 1994", *Employment and Earnings* 41, No. 2(February 1994) .

[89] Simoon Kuznets. : *Population Redistribution and Economic Growth, United States*, 1870—1950. New York, the American Philosophical Society, 1957.

[90] Smith, Adam, : *an Inquiry into the Nature and Cuses of the Wealth of Nations*, 1776, New York: Random House, 1937.

[91] Solow, Robert M. : "A Contribution to the Theory of Economic Growth", *Quarterly Journal of Economics*, 1956.

[92] Solow, Robert M. : "Technical Change and the Aggregate Production Function", *Review of Economics and Statistics*, 1957, p. 39.

[93] Swan, Trevor W. : "Economic Growth and Capital Accumulation", *Economic Record*, 1956, p. 32.

[94] Timothy C. Sargent. : " Structural Unemployment and Technological Change in Canada, 1990—1999 ", Department of Finance Working Paper, 2001, No. 03.

［95］Uzawa, Hirofumi. : "Optimal Growth in a Two-sector Model of Capital Accumulation", *Review of Economic Studies*, 1964, p. 31.

［96］Wassily Leontief, Faye Duchin. : *The Future Impact of Automation on Workers*. New York, Oxford University Press, 1986.

［97］Woirol Gregory R. : *The Technological Unemployment and Structural Unemployment Debates*. Westport, Connecticut. London, Greenword Press, 1996.

［98］Zimmerman K. : "The Employment Consequences of Technological Advance Demand and Labour Costs in 16 German Industries", *Empirical Economics*, 1991. (16).

［99］Adam Szirmai,柏满迎、任若恩:《中国制造业劳动生产率:1980—1999》,《经济学(季刊)》2001 年第 1 卷第 4 期。

［100］［法］阿尔弗雷·索维:《人口通论(上册)》,查瑞传等译,商务印书馆 1983 年版。

［101］［英］安东尼·吉登斯:《第三条道路:社会民主主义的复兴》,郑戈译,北京大学出版社 2000 年版。

［102］［英］安东尼·吉登斯:《第三条道路及其批评》,孙相东译,中共中央党校出版社 2002 年版。

［103］安果:《技术进步、就业兼容理论与中国就业问题》,《经济体制改革》2004 年第 2 期。

［104］［美］奥利维尔·布兰查德:《宏观经济学(第 2 版国际版)》,钟笑寒、王志朋等译,清华大学出版社 2003 年版。

［105］巴曙松:《打破"没有就业的增长"》,中国宏观经济信息网 2004 年 7 月 23 日。

［106］［美］保罗·艾里奇、安妮·艾里奇:《人口爆炸》,张建中、钱力译,新华出版社 2000 年版。

［107］毕先萍、李正友:《技术进步对就业的综合作用机制及社会福利影响研究》,《中国软科学》2004 年第 5 期。

[108][英]布赖恩·斯诺登、霍华德·R. 文:《现代宏观经济学发展的反思》,黄险峰、孟令彤等译,商务印书馆2000年版。

[109]常云昆、肖六亿:《有效就业理论与宏观经济增长悖论》,《经济理论与经济管理》2004年第2期。

[110]常进雄:《正确认识当前我国GDP就业弹性下降的一些积极意义》,《中国劳动》2003年第9期。

[111]常进雄:《对中国经济增长过程中GDP就业弹性问题的初步研究》,《中国人口科学(增刊)》2005年。

[112]昌盛:《技术进步对就业增长贡献的实证分析》,《北京机械工业学院学报》2005年第1期。

[113]蔡昉、都阳等:《就业弹性、自然失业和宏观经济政策》,《经济研究》2004年第9期。

[114]蔡昉、王美艳:《中国城镇劳动参与率的变化及其含义》,《中国社会科学》2004年第4期。

[115]蔡昉:《论就业在社会经济发展政策中的优先地位》,《中国人口科学》2003年第3期。

[116]陈继勇:《美国新经济周期与中美经贸关系》,武汉大学出版社2004年版。

[117]陈剑波:《中国工业改革与效率:国有企业与非国有企业比较研究》,云南人民出版社1997年版。

[118]陈淮:《"就业优先"应当成为最重要的战略取向》,《经济研究参考》2003年第55期。

[119]陈安平、李勋来:《就业与经济增长关系的经验研究》,《经济科学》2004年第1期。

[120]陈东强:《科技进步与劳动就业问题》,《中国科技论坛》1997年第2期。

[121]陈昆亭、龚六堂:《中国经济增长的周期与波动的研究——引入人力资本后的RBC模型》,《经济学(季刊)》2004年第

3 卷第 4 期。

[122]陈筠泉、殷登祥:《科技革命与当代社会》,人民出版社2001 年版。

[123]催友平:《利用技术进步增加就业》,《当代经济研究》2001 年第 10 期。

[124]戴维·卢卡斯、彼得·麦克唐纳、埃尔斯佩兹·扬、克里斯塔贝尔·扬:《人口研究入门》,高元祥、雷立穆译,河北人民出版社 1985 年版。

[125]邓志旺、蔡晓帆:《就业弹性急剧下降:事实还是假象》,《人口与经济》2002 年第 5 期。

[126][美]戴维·罗默:《高级宏观经济学》,苏剑、罗涛译,商务印书馆 2001 年版。

[127]丁仁船、杨军昌:《技术进步对中国劳动力就业的影响》,《统计与决策》2002 年第 12 期。

[128]费景汉、古斯塔夫·拉尼斯:《劳动力剩余经济的发展》,华夏出版社 1989 年版。

[129]甘梅霞、刘渝琳:《我国推进技术进步与发挥劳动要素禀赋优势两难冲突的解决路径分析》,《财贸研究》2006 年第 4 期。

[130]葛新权、金春华:《科技进步对就业增长贡献的测定方法》,《北京机械工业学院学报》2004 年第 2 期。

[131]龚玉泉、袁志刚:《中国经济增长与就业增长的非一致性及其形成机理》,《经济学动态》2002 年第 10 期。

[132]龚益:《技术进步对就业状态的影响》,《数量经济技术经济研究》2001 年第 9 期。

[133]关锦镗、曹志平、韩斌:《科技革命与就业》,北京大学出版社 1994 年版。

[134]国家计委课题组:《扩大就业、促进经济增长——对当前宏观经济和就业形势的分析》,《中国物价》2002 年第 10 期。

[135]郭万达:《现代产业经济词典》,中信出版社 1991 年版。

[136]郭庆旺、贾俊雪:《中国潜在产出与产出缺口的估算》,《经济研究》2004 年第 5 期。

[137][英]海韦尔·G. 琼斯:《现代经济增长理论导引》,郭家麟、许强等译,商务印书馆 1999 年版。

[138]郑功成等主编:《全球化下的劳工与社会保障》,中国劳动社会保障出版社 2002 年版。

[139]何静慧:《经济增长、技术进步与就业的关系》,《统计观察》2005 年第 5 期。

[140][美]赫尔曼·卡恩、威廉·布朗:《今后二百年——美国和世界的一幅远景》,上海市政协编译工作委员会译,上海译文出版社 1980 年版。

[141]贺菊煌:《我国资产的估算》,《数量经济技术经济研究》1992 年第 8 期。

[142]胡鞍刚:《中国就业状况分析》,《管理世界》1997 年第 3 期。

[143]胡延平:《第二次现代化:信息技术与美国经济新秩序》,社会科学文献出版社 2002 年版。

[144]黄泰岩、杨万东:《国外经济热点前沿(第二辑)》,经济科学出版社 2005 年版。

[145]黄彬云:《技术进步的就业效应研究综述》,《求实》2006 年第 10 期。

[146]贾民:《从就业弹性的角度看我国的就业问题》,《宏观经济管理》2004 年第 4 期。

[147]蒋选:《我国中长期失业问题研究——以产业结构变动为主线》,中国人民大学出版社 2004 年版。

[148][美]杰里米·里夫金:《工作的终结——后市场时代的来临》,王寅通等译,上海译文出版社 1998 年版。

[149]金春华、葛新权:《我国科技进步对就业的影响分析》,《科技管理研究》2005 年第 10 期。

[150]金晓斌:《新经济对传统主流经济学的挑战》,《中国证券报》2000 年 5 月 24 日。

[151]R. 库姆斯、P. 萨维奥蒂、V. 沃尔什:《经济学与技术进步》,钟学义等译,商务印书馆 1989 年版。

[152]郎友兴:《安东尼·吉登斯:第三条道路》,浙江大学出版社 2000 年版。

[153][美]理查德·B. 弗里曼:《劳动经济学》,刘东一等译,商务印书馆 1987 年版。

[154]李嘉图:《政治经济学及赋税原理(第三版)》,郭大力、王亚南译,商务印书馆 1962 年版。

[155]李红松:《我国经济增长与就业弹性问题研究》,《财经研究》2003 年第 4 期。

[156]李正友、毕先萍:《技术进步的就业效应:一个理论分析框架》,《经济评论》2004 年第 2 期。

[157]李京文:《人类文明的原动力:科技进步与经济发展》,陕西人民教育出版社 1997 年版。

[158]李京文、郑友敬:《技术进步与产业结构——概论》,经济科学出版社 1988 年版。

[159]李京文、郑友敬:《技术进步与产业结构——选择》,经济科学出版社 1989 年版。

[160]李京文、龚飞鸿等:《生产率与中国经济增长》,《数量经济技术经济研究》1996 年第 12 期。

[161]梁晓滨:《美国劳动市场》,中国社会科学出版社 1992 年版。

[162]林毓铭:《科技进步对就业增长的正负效应分析》,《科技管理研究》2003 年第 1 期。

[163]刘庆唐、王守志:《劳动就业原理》,北京经济学院出版社 1991 年版。

[164]刘金全、刘志刚:《我国 GDP 增长率序列中趋势成分和周期成分的分解》,《数量经济技术经济研究》2004 年第 5 期。

[165]刘金全、刘志刚:《我国经济周期波动中实际产出波动性的动态模式与成因分析》,《经济研究》2005 年第 3 期。

[166]刘金全、范剑青:《中国经济周期的非对称性和相关性研究》,《经济研究》2001 年第 5 期。

[167]刘金全、张鹤:《经济增长风险的冲击传导和经济周期波动的"溢出效应"》,《经济研究》2003 年第 10 期。

[168]刘军:《对过度就业问题的个人看法》,《劳动保障》2004 年第 12 期。

[169]刘树成、汪利娜、常欣:《中国经济走势分析(1998—2002)——兼论以住宅金融创新为突破口实现城乡就业联动》,《经济研究》2002 年第 4 期。

[170]刘树成:《中国经济波动的新轨迹》,《经济研究》2003 年第 3 期。

[171]刘树成:《新一轮经济周期的背景特点》,《经济研究》2004 年第 3 期。

[172]卢周来:《新经济:新规则、新机遇、老问题》,《中国经济时报》2000 年 5 月 31 日。

[173]陆国庆:《衰退产业论》,南京大学出版社 2002 年版。

[174][美]罗杰斯·F. 尼尔,[挪威]约根兰德斯等:《增长的极限——罗马俱乐部关于人类困境的研究报告》,李宝恒译,四川人民出版社 1983 年版。

[175][英]马尔萨斯:《人口原理》,子其、南宇等译,商务印书馆 1961 年版。

[176][美]美国环境质量委员会和国务院:《公元 2000 年全

球研究》,郭忠兰等译,科学技术文献出版社 1984 年版。

［177］齐建国:《中国总量就业与科技进步的关系研究》,《数量经济技术经济研究》2002 年第 12 期。

［178］齐建国:《2000 年:中国经济的最大威胁是就业弹性急剧下降》,《世界经济》2000 年第 3 期。

［179］钱永坤、宋学锋、董靖:《经济增长与就业关系实证研究》,《经济科学》2003 年第 1 期。

［180］［日］日经产业新闻社:《新产业革命——技术突破的冲击波》,张可喜译,湖北人民出版社 1986 年版。

［181］沈坤荣:《中国综合要素生产率的计量分析与评价》,《数量经济技术经济研究》1997 年第 11 期。

［182］沈连元:《劳动就业学》,辽宁人民出版社 1991 年版。

［183］宋小川:《无就业增长与非均衡劳工市场动态学》,《经济研究》2004 年第 7 期。

［184］苏东水著:《产业经济学》,高等教育出版社 2000 年版。

［185］孙敬水:《TFP 增长率的测定与分解》,《数量经济技术经济研究》1996 年第 9 期。

［186］罗伯特·M. 索洛、约翰·B. 泰勒等:《通货膨胀、失业与货币政策》,张晓晶、李永军译,中国人民大学出版社 2004 年版。

［187］汤光华、舒元:《经济增长与结业协调论》,《数量经济技术经济研究》2000 年第 9 期。

［188］［美］托马斯·G. 罗斯基:《中国:充分就业前景展望》,《管理世界》1999 年第 9 期。

［189］童光荣、高杰:《政府 R&D 支出的就业乘数效应研究》,《中国软科学》2004 年第 8 期。

［190］王诚:《中国就业发展新论——核心就业与非核心就业理论分析》,《经济研究》2002 年第 12 期。

［191］王德文、王美艳、陈兰:《中国工业的结构调整、效率与

劳动配置》,《经济研究》2004 年第 4 期。

[192]夏杰长:《技术进步与经济增长的实证分析及其财税政策》,《财经问题研究》2003 年第 11 期。

[193]肖六亿、常云昆:《价格传导关系断裂的根本原因分析》,《中国物价》2005 年第 12 期。

[194]肖六亿、常云昆:《宏观经济运行的识别》,《改革》2005 年第 3 期。

[195]肖延方:《论资本有机构成的提高对再就业的双重作用——兼论技术进步和再就业的关系》,《经济评论》2001 年第 5 期。

[196]徐寿波:《技术经济学》,江苏人民出版社 1986 年版。

[197]徐长生、何小松:《美国经济周期波动的成因》,《美国新经济周期与中美经贸关系》,武汉大学出版社 2004 年版。

[198]薛敬孝、张兵:《论信息技术产业在美国新周期中的作用》,《美国新经济周期与中美经贸关系》,武汉大学出版社 2004 年版。

[199]闫应福、贾益东、毕世宏:《产业经济学》,中国财政经济出版社 2003 年版。

[200]晏智杰:《古典经济学》,北京大学出版社 1998 年版。

[201]杨云彦、徐映梅、向书坚:《就业替代与劳动力流动:一个新的分析框架》,《经济研究》2003 年第 8 期。

[202]袁志刚、龚玉泉:《上海经济增长与失业演变的实证分析:1978—1999》,《上海经济》2001 年第 2 期。

[203]袁志刚:《中国就业报告》,经济科学出版社 2002 年版。

[204]袁志刚:《失业经济学》,上海三联出版社 1997 年版。

[205]杨先明、徐亚非:《劳动力市场运行研究》,商务印书馆 1999 年版。

[206]姚战琪、夏杰长:《资本深化、技术进步对中国就业效应

的经验分析》,《世界经济》2005 年第 1 期。

[207]耀辉:《产业创新的理论探索——高新产业发展规律研究》,中国计划出版社 2002 年版。

[208][美] 约翰·奈斯比特:《大趋势——改变我们生活的十个新趋向》,梅艳译,新华出版社 1984 年版。

[209][美] 约瑟夫·熊彼特:《经济发展理论》,何畏、易家详等译,商务印书馆 2000 年版。

[210][美]詹母斯·P.沃麦克、[英]丹尼尔·T.琼斯和[美]丹尼尔·鲁斯:《改变世界的机器》,沈希瑾、李京生等译,商务印书馆 2000 年版,第 205 页。

[211]张国初:《技术进步对就业水平的影响》,《管理评论》2003 年第 1 期。

[212]张车伟、蔡昉:《就业弹性的变化趋势研究》,《中国工业经济》2002 年第 5 期。

[213]张车伟:《失业率定义的国际比较及中国城镇失业率》,《世界经济》2003 年第 5 期。

[214]张智勇:《从技术进步的视角再论就业优先的发展战略》,《中国人口科学》2005 年第 5 期。

[215]张军:《中国的工业改革与经济增长:问题与解释》,上海三联书店 2003 年版。

[216]张军、施少华:《中国经济全要素生产率变动:1952——1998》,《世界经济文汇》2003 年第 2 期。

[217]张寿:《技术进步与产业结构的变化》,中国计划出版社 1988 年版。

[218]张蕴岭:《经济发展与产业结构》,社会科学文献出版社 1991 年版。

[219]章嘉琳:《变化中的美国经济》,学林出版社 1980 年版。

[220]赵晓:《如何看待中国投资回报率节节攀升》,中国宏观

经济信息网 2006 年 8 月 24 日。

[221]谌新民:《当前的结构性失业与再就业》,《经济学家》1999 年第 4 期。

[222]周其仁:《机会与能力——中国农村劳动力的就业和流动》,《管理世界》1997 年第 5 期。

[223]〔美〕朱利安·L. 西蒙:《人口增长经济学》,彭松建等译,北京大学出版社 1984 年版。

后　　记

又是一番"花褪残红青杏小"的暮春美景，前年初冬准备开题报告，而今论文已定稿，真是"更能消几番风雨，匆匆春又归去"，一丝轻松自然浸透全身。这种轻松和喜悦，与其说是对毕业论文撰写完成的告慰，不如说是对老师们带我步入学术殿堂的感悟。因此，在论文的付印之际，我想向三年来给予我莫大启迪和热心帮助的老师和学友表示真诚的感激之情。

2003 年邂逅张卫东教授于西安，他极强的亲和力和渊博的学识引发了我求学于他的冲动和愿望。2004 年我如愿以偿地作为张老师的一名博士生进入华中科技大学学习。三年转瞬已过，但和张老师一起的日子历历在目：课堂上他滔滔不绝尽展大家风范，每月专题研讨他一丝不苟，闲聊中他无时不在传授做人的道理；赴深圳访学于张五常教授，游衡山和韶山，调查于宜昌，讲学于黄石，他无不钟情于对学生的呵护和关心。张老师对毕业论文的指导态度严谨、一丝不苟，从论文选题、构思到行文、定稿，甚至遣词造句、标点符号等方方面面他都一一予以指导，字里行间都凝聚着他的心血。

令人难忘的是：徐长生教授在讲授《高级宏观经济学》时前瞻性的学术思路对本书的选题启发甚多，他还为文章的构思和修改提出了宝贵建议；我的硕士导师常云昆教授对本书的选题和构思也给予了极大的关注和支持。同时，此论文的顺利完成还离不开张培刚教授、夏振坤教授、张建华教授、方齐云教授、汪小勤教授、宋德勇教授、彭代彦教授、卫平教授、刘海云教授、唐齐鸣教授、王少平教授等在开题报告及写作中给我的启发和建议,他们三年来精湛的教学和不同的学术风格对我产生了深刻的影响。

还要感谢我的博士后指导老师、武汉大学经济与管理学院陈继勇教授,他不仅对本书的写作和定稿给予了极大的关心,而且对本书的出版给予了多方面的支持。

另外,人民出版社的郑海燕老师和其他相关工作人员,为本书的出版付出了辛勤劳动,特致谢意。

最后要感谢我的家人,他们不仅默默地支持我完成三年的硕士学业,还无声地帮助我完成三年的博士学业。我的父亲、母亲勤劳能干,顾全大局;我的妻子胡群聪敏能干,志向高远,承担发展事业、培养儿子和管理家庭的一切要务;儿子肖浩川聪明活泼,机警可爱,他们是我乐观进取的精神支柱、勃勃向上的力量源泉。然而几年的求学生涯,抛妻、别子、离家,甚为愧疚。何以为报?且待来日!

谨以此文献给所有关心和帮助我的老师、朋友和家人!

总之,博士三年,紧而有序,匆而不乱。尽管全晓了"明月楼高休独倚,酒入愁肠化作相思泪"和"为伊消得人憔悴,衣带渐宽终不悔"的苦楚,基本进入了"蓦然回首,那人却在灯火阑珊处"的境界,却也领略了"待到山花烂漫时,它在丛中笑"的欢欣。

肖六亿

2009 年 6 月于青山湖畔

策划编辑:郑海燕

封扉设计:周文辉

图书在版编目(CIP)数据

技术进步的就业效应——基于宏观视角的分析/肖六亿 著.
  -北京:人民出版社,2009.12
ISBN 978-7-01-008418-3

Ⅰ.技… Ⅱ.肖… Ⅲ.技术进步-影响-就业- Ⅳ.C913.2

中国版本图书馆 CIP 数据核字(2009)第 197407 号

技术进步的就业效应

JISHU JINBU DE JIUYE XIAOYING

——基于宏观视角的分析

肖六亿 著

人民出版社 出版发行
(100706 北京朝阳门内大街 166 号)

北京瑞古冠中印刷厂印刷 新华书店经销

2009 年 12 月第 1 版 2009 年 12 月北京第 1 次印刷
开本:880 毫米×1230 毫米 1/32 印张:6.75
字数:170 千字 印数:0,001-3,000 册

ISBN 978-7-01-008418-3 定价:22.00 元

邮购地址 100706 北京朝阳门内大街 166 号
人民东方图书销售中心 电话 (010)65250042 65289539